大担当

中国共产党的历史使命

DA DAN DANG

魏晔玲 著

北京出版集团
北京人民出版社

图书在版编目（CIP）数据

大担当：中国共产党的历史使命 / 魏晔玲著.
北京：北京人民出版社，2024. 7. — ISBN 978-7-5300-0634-4

Ⅰ. D23

中国国家版本馆 CIP 数据核字第 2024UR8772 号

大担当：中国共产党的历史使命
DADANDANG：ZHONGGUO GONGCHANDANG DE LISHI SHIMING
魏晔玲　著

*

北 京 出 版 集 团
北 京 人 民 出 版 社　出版
（北京北三环中路6号）
邮政编码：100120

网　址：www.bph.com.cn
北京出版集团总发行
新华书店经销
北京建宏印刷有限公司印刷

*

787 毫米×1092 毫米　16 开本　15.25 印张　144 千字
2024 年 7 月第 1 版　2025 年 3 月第 3 次印刷

ISBN 978-7-5300-0634-4
定价：48.00 元
如有印装质量问题，由本社负责调换
质量监督电话：010-58572393

前　言

独立自主是中国革命、建设、改革开放事业成功推进的法宝。1921年7月，中国共产党第一次全国代表大会召开，成为开天辟地的大事件。当时只有50多人的中国共产党尚处幼年，共产国际是我们依赖的重要力量。党的二大决定加入第三国际，中国共产党成为共产国际下属的一个支部，必须遵守共产国际的组织原则和纪律规定。之后很多年，我们在共产国际的帮助下进步显著，但也犯了一些错误、付出了代价。第五次反“围剿”失败后，中国共产党在长征途中召开遵义会议，正确总结了失败的原因，确立了实际以毛泽东为代表的马克思主义正确路线在党中央的领导地位，“开启了党独立自主解决中国革命实际问题新阶段”。

对于这段历史，毛泽东同志曾这样评价：“离开了先生，学生就自己学。有先生有好处，也有坏处。不要先生，自己读书，自己写字，自己想问题。这是一条真理。过去我们就是由先生把着手学写字，从一九二一年党成立到一九三四年，我们就是吃了先生的亏，纲领由先生起草，中央全会的决议也由先生起草，特别是一九三四年，使我们遭到了很大的损失。从那之后，我们就懂得要自己想问题。我们认识中国，花了几十年时间。中国人不懂中国情况，这怎么行？真正懂得独立自主是从遵义会议开始的，这次会议批判了教条主义。”①

新民主主义革命胜利后，我们党团结带领广大人民创造性地确立了社会主义基本制度，完成最广泛而深刻的社会变革。在充分调查研究和思考的基础上，1956年4月25日，毛泽东作了《论十大关系》的报告，明确提出要以苏为鉴，走自己的路。党的十一届三中全会，翻开了改革开放的历史新篇章。邓小平再次强调“走自己的路”的重要意义：“中国革命的成功，是毛泽东同志把马克思列宁主义同中国的实际相结合，走自己的路。现在中国搞建设，也要把马克思列宁主义同中国的实际相结合，走自己的路。”②改革开放40多年，中国取得了翻天覆地的变化，正是我们党准确把握世情、国情、党情，坚持和发展中国特色社会

① 《革命和建设都要靠自己》，《毛泽东文集》（第八卷），人民出版社1999年版，第338—339页。

② 《革命和建设都要走自己的路》，《邓小平文选》（第三卷），人民出版社1993年版，第95页。

主义、坚定走中国特色社会主义道路的结果。在中国共产党成立100周年之际，习近平总书记这样总结到："走自己的路，是党的全部理论和实践立足点，更是党百年奋斗得出的历史结论。"[①]

开创未来，实现中华民族伟大复兴，我们仍然需要走自己的路。

把一个拥有14多亿人口的发展中大国带入现代化、实现民族复兴，在人类历史上从来没有过，没有现成的经验可以借鉴。当前，我们比历史上任何时期都更接近这一目标，与此同时，百年未有之大变局给我们带来了更多的不确定、不稳定因素。"中华民族伟大复兴，绝不是轻轻松松、敲锣打鼓就能实现的。全党必须准备付出更为艰巨、更为艰苦的努力"。[②]这就要求全体共产党员与广大人民一起，从中国基本国情出发、依靠自身力量、解答发展中遇到的难题，继续坚持独立自主、探索伟大复兴之路。

这是历史赋予共产党人的时代使命。使命呼唤担当，有多大担当才能干多大事业，尽多大责任才会有多大成就。担当精神体现着共产党人的党性觉悟，彰显着共产党人的胸襟勇气，也决定着各级党员干部职责的履行、作用的发挥、贡献的大小。肩负历史重任的广大党员领导干部，必须把共产党人的政治本色、把镌

① 习近平：《在庆祝中国共产党成立100周年大会上的讲话》，人民出版社2021年版，第13页。

② 习近平：《决胜全面建成小康社会 夺取新时代中国特色社会主义胜利——在中国共产党第十九次全国代表大会上的报告》，人民出版社2017年版，第13页。

刻在精神基因之中的担当精神发扬光大。切实把担当精神贯彻到全面建成社会主义现代化强国、实现中华民族伟大复兴的全过程，推动形成胼手胝足、攻坚克难的生动局面。

共产党员怎样才能担当起这副重任？习近平总书记教导我们：“党的干部必须坚持原则、认真负责，面对大是大非敢于亮剑，面对矛盾敢于迎难而上，面对危机敢于挺身而出，面对失误敢于承担责任，面对歪风邪气敢于坚决斗争。”[①]面对大是大非敢于亮剑，就是在大是大非面前不能态度暧昧，不能动摇基本政治立场，不能被错误言论所左右。面对矛盾敢于迎难而上，就是遇到矛盾不怕事，碰到问题不回避。面对危机敢于挺身而出，就是紧要关口的清醒和坚定，危难面前的奋勇和无畏。面对失误敢于承担责任，就是勇于正视错误，积极主动地去改正错误，把总结教训的过程作为成长进步的阶梯。面对歪风邪气敢于坚决斗争，就是敢于较真、敢抓敢管，做挡风驱邪的“泰山石”。“五个面对”“五个敢于”既是担当履责的真标准，更是衡量党性的试金石。

“虽千万人，吾往矣”。历史的接力棒交到了我们这一代人手上。走在前人没走过的路上，共产党人要有坚如磐石的信念、舍我其谁的气魄、高强精深的本领、清正廉洁的正气和有功成不必在我的境界，下大力气苦练内功，提高履职尽责能力，才能不

① 《习近平谈治国理政》，外文出版社2014年版，第413页。

负重托、走好我们自己的路。唯有担起重任、奋勇争先，才能在民族复兴伟大征程上不忘初心、牢记使命，才能在难以想象的挑战面前无所畏惧、砥砺前行，才能经得住实践、人民和历史的考验。

这或许是对以毛泽东为代表的老一辈革命家开创的历史伟业的最高礼敬。

目　录

第一部分

敢于担当是中国共产党人的政治品格

1921年，中华大地依然暮霭沉沉。

这年7月，东方古国发生了一件看似不起眼却改写了中华民族命运的事。13名来自中国各地、身份各异的有志之士在上海一栋石库门式的房子里秘密召开会议，思考和讨论着中国的命运与出路。会议的最后一天转到浙江嘉兴南湖召开。这就是中国共产党第一次全国代表大会，它宣告了中国共产党的诞生！30多年后，70岁高龄的董必武故地重游，挥毫题写“作始也简，将毕也巨”，贴切地概括了中国共产党的诞生和壮大。

这是一个代表广大无产阶级利益的政党，为人民服务是其无法更改的政治基因和生命密码。这是一个敢于担当的马克思主义政党，它自诞生之日起就把实现共产主义作为党的最高理想和目标，把对国家、对民族、对人民的责任扛在肩上，担负起争取民族独立和人民解放、实现国家富强和人民幸福，进而实现中华民族伟大复兴的历史使命。一代代中国共产党人前赴后继、枕戈待旦，重任在肩、砥砺前行，激荡革命岁月的浩浩洪流、历经建设年代的火热浪潮、把握改革开放的时代风云、破除阻碍发展的重峦叠嶂，彰显了一个马克思主义政党坚不可摧的宗旨信念和始终不渝的使命担当。

敢于担当，是我们党永不褪色的政治品格，是中国共产党人勇往直前的精神动力。一个时代有一个时代的使命，一代人有一代人的担当。党的二十大报告深刻阐述了新时代中国共产党的历史使命："高举中国特色社会主义伟大旗帜，全面贯彻新时代中国特色社会主义思想，弘扬伟大建党精神，自信自强、守正创新，踔厉奋发、勇毅前行，为全面建设社会主义现代化国家、全面推进中华民族伟大复兴而团结奋斗。"[①]面对新时代的使命召唤，共产党员尤其是各级领导干部唯有提振起敢于担当的精气神，练就善于担当的真功夫，担当起该担当的责任，才能不负党和人民的重托，创造出无愧于历史、无愧于时代、无愧于人民的丰功伟绩！

① 习近平：《高举中国特色社会主义伟大旗帜　为全面建设社会主义现代化国家而团结奋斗——在中国共产党第二十次全国代表大会上的报告（2022年10月16日）》，人民出版社2022年版，第1页。

一、担当是人类共同的精神财富

何谓担当?《现代汉语词典》(第7版)里解释为:“接受并负起责任”。

在人类社会中,担当涉及个人、家庭、集体、社会、国家、民族等方方面面,常与责任、良心、价值、奉献、牺牲、勇气、才干等联系在一起,古今中外一直被高度评价和推崇。

在中国,担当一词出于《朱子语类》卷八七:“岂不可出来为他担当一家事?”明代唐顺之《与俞总兵虚江书》中也见“若夫为国家出气力,担当大任,有虚江辈在,山人可以安枕矣”之语。

2004年,一部以民国初年晋商浮沉为题材的话剧《立秋》引爆文化市场,自首演以来累计演出600余场。许多观众被戏中传达出的思想内涵所震撼,这部戏也因此被誉为新世纪中国话剧的里程碑。在戏里,有一句台词反复出现:“天地生人,有一人应有一人之业;人生在世,生一日当尽一日之勤。”寥寥之语告诉观众:每个人生下来都有需要他(她)完成的任务,活着的每一天都要努力和勤奋。

担当是人类共同的精神财富，在绵延的历史长河中谱写着华夏文明千年来兴微继绝的主旋律。众所周知，中国的知识分子素有位卑未敢忘忧国的传统，无论身处何种境地，始终怀揣建功立业的激情，“穷则独善其身，达则兼济天下”。大禹为治水“三过家门而不入”；屈原怒投汨罗江，被毛泽东评价为“伟大的爱国者”；诸葛亮“鞠躬尽瘁，死而后已”，是中国传统文化中忠臣与智者的代表人物；“安得广厦千万间，大庇天下寒士俱欢颜，风雨不动安如山”的杜甫心忧苍生；“不以物喜，不以己悲。居庙堂之高则忧其民，处江湖之远则忧其君”的范仲淹在登高望远时仍心系庙堂社稷；文天祥为了反抗侵略弃笔从戎，“人生自古谁无死，留取丹心照汗青”成为中华民族共同的精神财富；林则徐以“苟利国家生死以，岂因祸福避趋之”明志；中国铁路之父詹天佑，把自己的生命“化成匍匐在华夏大地上的一根铁轨”……一代又一代志士仁人，用行动诠释了担当的精髓，丰富了担当的内容，为担当源源不断地注入活力。

在风雨飘摇的危难时刻迸发出的担当精神，如耀眼的火炬划破黑暗的夜空，照亮了前路，温暖了人心。于是，人们倾注热情来讴歌、弘扬担当精神：“修身齐家治国平天下”“先天下之忧而忧，后天下之乐而乐”“知其难而为之”“明知山有虎，偏向虎山行”“天下兴亡，匹夫有责”……其中，当代哲学家冯友兰所称的“横渠四句”，被公认是概括担当精神最为贴切和精当的。这就是北宋大儒、理学创始人之一张载的名言："为天地立心，为生民立命，为往圣继绝学，为万世开太平。"其为世界确立文化价值、使百姓安身立命、传承文明创造的成果、开辟永久和平的社会愿景的思想内涵，对后世产生了极其深远的影响。2016年5月，习近平在哲学社会科学工作座谈会上借用这四句话鼓励知识分子树立强烈的社会责任感，为党和人民建言献策，担负起历史赋予的光荣使命。对这些名句的传诵，彰显着中华儿女对担当精神的认同，也在潜移默化中构建着中华民族的精神图谱。

担当是人类永恒的话题，是人类共同的精神财富。在人类历史浩瀚的发展长河中，不同时代、不同民族、不同身份的人们，因担当而伟大，因担当而被人们永远铭记和怀念。

世界上第一个真正的女护士、护理事业的开创者——弗洛伦斯·南丁格尔是其中代表之一。南丁格尔出身于英国上流社会家庭，她从小过着养尊处优的生活，却没有沉湎其中，从小就立志要为众人做一些有意义的事情。南丁格尔生活在19世纪中叶的欧洲，当时女人抛头露面外出工作被视为是一件很不体面的事情，更何况出身名门的南丁格尔。1853年，南丁格尔顶着巨大的社会舆论压力，率领38名护士奔赴前线投身于克里米亚战争的伤员救护工作。当时，英军的医疗救护条件非常低劣，伤员死亡率高达42%。相当一部分战士没有牺牲在战场上，却因为救治不及时而丢掉了性命。为了改善救治条件，南丁格尔自己拿出3万英镑为医院添置急需的药物和医疗设备，整顿手术室、食堂、化验室，改善伤员的生活环境和营养条件。在南丁格尔等人的努力下，战地医院的面貌大为改观，收纳伤员的能力翻了一番还多。6个月后，伤员死亡率从42%迅速下降至2%，英国全国上下被这一奇迹所震惊。关于南丁格尔的故事还有很多，最为人们所称道、极具浪漫色彩的是“壁影之吻”。故事是这样的：每天夜晚，南丁格尔总要提着风灯走到4英里开外的病房进行巡视。她的出现给残酷的战争平添了几抹温柔，士兵们亲切地称她为“提灯女士”“克里米亚的天使”。伤病员用蘸满感情的笔写道：“灯光摇曳着飘过来了，寒夜似乎也充满了温暖……我们几百个伤员躺在那儿，当她来临时，我们挣扎着亲吻她那浮动在墙壁上的修长身影，然后再满足地躺回枕头上。”战争结束后，最后撤离战场的南丁格尔化名“史密斯小姐”，悄悄返回英国的家中。她这样做只为避开政府隆重的迎接仪式。她说：“我不要奉承，只要人民理解我。”南丁格尔将毕生的精力用于发展护理事业，创建了世界上第一所正规的护士学校。因其突出贡献，人们将国际护士节设立在她出生的那一天——5月12日。

像南丁格尔这样的人还有许许多多：获得诺贝尔和平奖、一生致力解除贫困的特蕾莎修女；把“人生变成科学的梦，然后再把梦变成现实”的镭的发现者居里夫妇；不远万里来到中国，牺牲在抗日战场的白求恩；身为盲人却被誉为西藏盲童的向导和天使，“盲文无国界”组织的创始人萨布利亚·坦贝肯……无数人的担当，汇聚成推动社会发展进步的宏大力量。

历史告诉我们，所有的人都须有担当。一个没有担当的人是自私的，一个不担当的人生是没有底线的人生。作为一个个体的人来讲，男人需要担当，女人也需要担当；成年人需要担当，未成年人同样也要有担当。作为一个社会角色来讲，位高权重的要担当，人微言轻的也要担当；能力高强的要担当，能力弱小的也要担当。担当是人的一种内在追求，而不是外在的赋予。担当有大有小，小到“一人做事一人当”，大到“天下兴亡，匹夫有责”。担当又不分大小，都是一种奉献。

2014年2月7日，习近平在俄罗斯索契接受俄罗斯电视台专访时谈道，“我的执政理念，概括起来说就是：为人民服务，担当起该担当的责任”。这是一个大党领袖、大国元首对人生意义的理解。

当今世界，在整体走向趋于和平的形势下仍然问题不少。这些问题的解决，单靠一个或几个国家的力量很难办到，需要世界各国共同担当、群策群力。“世界那么大，问题那么多，国际社会期待听到中国声音、看到中国方案，中国不能缺席。”[①]这便

① 《国家主席习近平发表二〇一六年新年贺词》，《人民日报》2016年1月1日，第1版。

是中国的态度。

2013年3月，习近平在莫斯科国际关系学院发表演讲时指出，当今人类社会“越来越成为你中有我、我中有你的命运共同体”。2013年9月和10月，习近平分别提出建设“新丝绸之路经济带”和“21世纪海上丝绸之路”的合作倡议，积极推进“一带一路”建设，共同打造政治互信、经济融合、文化包容的利益共同体、命运共同体和责任共同体。2017年1月18日，习近平在瑞士日内瓦万国宫出席“共商共筑人类命运共同体”高级别会议，并发表题为《共同构建人类命运共同体》的主旨演讲。习近平强调，“让和平的薪火代代相传，让发展的动力源源不断，让文明的光芒熠熠生辉，是各国人民的期待，也是我们这一代政治家应有的担当。中国方案是：构建人类命运共同体，实现共赢共享”。这是大国担当精神的体现，是人类伟大精神的弘扬。

二、最具担当精神的中国共产党人

中国共产党是敢于担当的马克思主义政党。中国共产党自诞生之日起就自觉把对国家、对民族、对人民的责任扛在肩上，担负起争取民族独立和人民解放，实现国家富强和人民幸福，进而实现中华民族伟大复兴的历史使命。

100多年来，中国共产党在担当中勠力前行。“党领导人民浴血奋战、百折不挠，创造了新民主主义革命的伟大成就；自力更生、发愤图强，创造了社会主义革命和建设的伟大成就；解放思想、锐意进取，创造了改革开放和社会主义现代化建设的伟大成就；自信自强、守正创新，创造了新时代中国特色社会主义的伟大成就。”①

回顾我们党成立以来100多年的光辉历程，中国共产党领导人民奋斗的峥嵘岁月和光辉业绩，如同一幅逶迤而又磅礴、雄浑而又绚丽的画卷，展现在世人面前。

（一）大担当源自初心和使命

2017年10月18日，在全面建成小康社会的决胜之际，中国共产党召开了第十九次全国人民代表大会。盛会现场，习近平坚定而沉稳地说：“中国共产党人的初心和使命，就是为中国人民谋幸福，为中华民族谋复兴。这个初心和使命是激励中国共产党人不断前进的根本动力。”②话音刚落，全场响起热烈的掌声。

① 《中共中央关于党的百年奋斗重大成就和历史经验的决议》，人民出版社2021年版，第1—2页。

② 习近平《决胜全面建成小康社会　夺取新时代中国特色社会主义伟大胜利——在中国共产党第十九次全国代表大会上的报告（2017年10月18日）》，人民出版社2017年版，第1页。

不忘初心，是一代又一代共产党员奋斗的写照；不忘初心，是一代又一代共产党员思考的问题、践行的目标。2015年以来，习近平在不同场合多次强调“不忘初心”，党的十九大上又将它作为大会的核心主题词之一，表达了我们党对初心的坚守。

2015年7月1日，中国共产党成立94周年之际，80岁的老党员邵世坤收到了习近平的回信。两个多月前，曾为国测一大队队员的邵世坤与当年参加珠峰测高任务的5名老队员一起给总书记写了一封信。信中介绍了国测一大队的优良传统和无私奉献精神，并把这种精神概括为16个字，即“热爱祖国、忠诚事业、艰苦奋斗、无私奉献”。建队61年来，测绘队员们用青春、热血、智慧和汗水为国家做出了贡献，半个多世纪的时间里，有46名队员献出宝贵生命。随着时代的发展，这种精神没有被遗忘，而是薪火相传。现在年轻的队员沿着老一辈的足迹，奔波在崇山峻岭、大漠戈壁，为国家完成了很多重大工程的测量。

或许因为承载的情感太过厚重，这封信虽然只有1600字，邵世坤却写了近5天。在反复修改并征得其他队员的同意后，邵世坤将这封信快递给党建杂志社，请他们转呈总书记。在7月1日这个具有纪念意义的日子里，他们收到了总书记的回信。信中有这样一段语重心长的话：“忠于党、忠于人民、无私奉献，是共产党人的优秀品质。党的事业，人民的事业，是靠千千万万党员的忠诚奉献而不断铸就的。不忘初心，方得始终。”[①]这是习近平第一次明确提出“不忘初心”。5个月后，在2015年12月召开的全国党校工作会议上，习近平总书记又一次指出，“我们干事业不能忘本忘祖、忘记初心”[②]。

整整一年后，2016年7月1日，在庆祝中国共产党成立95周年大会上，“不忘初心、继续前进”成为习近平讲话的核心词，总书记从八个方面阐述了“不忘初心、继续前进”的内涵。

坚持不忘初心、继续前进，就要坚持马克思主义的指导地位，坚持把马克思主义基本原理同当代中国实际和时代特点紧密结合起来，推进理论创新、实践创新，不断把马克思主义中国化推向前进；

坚持不忘初心、继续前进，就要牢记我们党从成立起就把为共产主义、社会主义而奋斗确定为自己的纲领，坚定共产主义远大理想和中国特色社会主义共同理想，不断把为崇高理想奋斗的伟大实践推向前进；

坚持不忘初心、继续前进，就要坚持中国特色社会主义道路自信、理论自信、制度自信、文化自信，坚持党的基本路线不动摇，不断把中国特色社会主义伟大事业推向前进；

---

① 习近平：《在党爱党在党为党　忠诚一辈子奉献一辈子》，《人民日报》2015年7月1日，第1版。

② 习近平：《在全国党校工作会议上的讲话》，《求是》，2016年第9期。

坚持不忘初心、继续前进，就要统筹推进“五位一体”总体布局，协调推进“四个全面”战略布局，全力推进全面建成小康社会进程，不断把实现“两个一百年”奋斗目标推向前进；

坚持不忘初心、继续前进，就要坚定不移高举改革开放旗帜，勇于全面深化改革，进一步解放思想、解放和发展社会生产力、解放和增强社会活力，不断把改革开放推向前进；

坚持不忘初心、继续前进，就要坚信党的根基在人民、党的力量在人民，坚持一切为了人民、一切依靠人民，充分发挥广大人民群众积极性、主动性、创造性，不断把为人民造福事业推向前进；

坚持不忘初心、继续前进，就要始终不渝走和平发展道路，始终不渝奉行互利共赢的开放战略，加强同各国的友好往来，同各国人民一道，不断把人类和平与发展的崇高事业推向前进；

坚持不忘初心、继续前进，就要保持党的先进性和纯洁性，着力提高执政能力和领导水平，着力增强抵御风险和拒腐防变能力，不断把党的建设新的伟大工程推向前进。

共产党人的初心，自成立之日起就已确立。100多年来，虽历经艰辛，却矢志不渝。

1920年2月的一天，尽管冬意还在北方扮演着主角，料峭之中人们还是隐约感受到了春天的气息。或许是因为寒冷，大街上没有什么人，显得空荡荡的。在一条从北京朝阳门去往天津的土路上，有一辆骡车缓缓前行，发出吱扭吱扭的声音飘入空中，越发显得空旷。车上坐着的是当时中国思想界最活跃的理论巨擘——陈独秀和李大钊。一切都显得那么平常和普通，意想不到的是，两人之间正在进行着一场影响中华民族命运的思想碰撞。

李大钊问陈独秀："仲甫，你回上海后准备先做点什么？""我回去后把李汉俊叫上，再把一些相信马克思的、牢靠的人组织起来，筹备成立一个马克思主义研究会，然后咱们就建一个党。"陈独秀回答道。这个问题，陈独秀显然已经想了好多遍了。李大钊一听，立刻说："好！我在北京策应你，也成立一个研究会。"陈独秀高兴地拍了一下手掌："那就更好了，这样我们的人数就多了，力量就大了。守常，将来咱们成立的党叫个什么名称？社会党？共产党？"陈独秀问。两人陷入沉思。片刻，李大钊坚定地望着陈独秀说："就称之为共产党，更能代表咱们的信仰，干共产主义嘛！"陈独秀连连点头说："好，这样叫开宗明义，直截了当。"

返回北京的李大钊于1920年3月31日在北京大学成立马克思主义研究会；同年5月，陈独秀与李汉俊发起上海马克思主义研究会。"南陈北李"依托研究会加紧筹建政党。

1921年7月，中国共产党第一次全国代表大会在上海兴业路76号的一栋石库门式的房子里召开。出席大会的各地代表共13人，代表着全国50多名共产党员。会议中途，一个法租界的侦探闯进会场，代表们警觉到事情蹊跷，立即停止了会议，迅速离开会场。代表们从上海乘火车转移到嘉兴，来到了南湖的一艘丝网船上，以游湖为名，让船主把船停泊在离烟雨楼东南方向200米左右处的僻静的水域，继续召开会议。会议审议并通过了《中国共产党第一个纲领》和《中国共产党第一个决议》。《中国共产党第一个纲领》中明确指出："党的性质是无产阶级政党；党的奋斗目标是以无产阶级革命军队推翻资产阶级的政权，消灭资本家私有制，由劳动阶级重建国家，承认无产阶级专政，直到阶级斗争结束，即直到消灭社会的阶级区分。"这次会议的召开，宣告中国历史上一个崭新的政党正式成立。中国共产党的出现，使中国人民有了前进的主心骨。

中国共产党的诞生是历史的选择、人民的选择。中国近代史表明，中国的农民阶级和资产阶级没有能力承担起领导中国革命的责任。人们在反复失败和对比中，相信了马克思主义，选择了共产党。党的一大召开时，全国只有50多名共产党员。而28年后，这个党带领中国人民岿然屹立于世界东方。当今的中国，已不是当年那个处处挨打、积贫积弱的中国，社会主义制度使拥有5000年灿烂文明的古老大地焕发出勃勃生机。作为世界第二大经济体，中国共产党带领14亿多中国人民实现了全面建成小康社会的奋斗目标，正在实现中华民族伟大复兴的道路上奋力前进。

今日的中国共产党，与建党之时相比，有变也有不变。变的是，中国共产党从建党之初的50多名党员壮大为拥有9900余万名党员、领导着14亿多人口大国、具有重大全球影响力的世界第一大党；从召开第一次党代会担心被抓的地下党发展为人民拥护、爱戴的执政党；从一切处于摸索阶段、没有太多经验可供借鉴的年轻的马克思主义政党，成长为拥有丰富经验、能将马克思主义的普遍真理同中国的具体实际相结合的成熟的无产阶级政党。

不变的是，中国共产党始终高举马克思主义旗帜，从诞生之日起就把为共产主义事业而奋斗确定为自己的纲领并为之前赴后继、奋斗不息。正如中国人民抗日军事政治大学校歌中所体现的“人类解放，救国的责任，全靠我们自己来担承”，这颗初心，始终未变。在庆祝中国共产党成立100周年大会上，习近平总书记饱含深情地说：“中国共产党一经诞生，就把为中国人民谋幸福、为中华民族谋复兴确立为自己的初心使命。一百年来，中国共产党团结带领中国人民进行的一切奋斗、一切牺牲、一切创造，归结起来就是一个主题：实现中华民族伟大复兴。”①

（二）担当起拯救中华民族的历史重任

从1921年7月中国共产党成立，到1949年10月1日中华人民共

① 习近平：《在庆祝中国共产党成立100周年大会上的讲话》，人民出版社2021年版，第3页。

和国成立，中国共产党带领中国人民进行了28年的浴血奋战，经过北伐战争、土地革命战争、抗日战争、解放战争，以武装的革命反对武装的反革命，推翻帝国主义、封建主义、官僚资本主义三座大山，建立了人民当家做主的中华人民共和国，实现了民族独立、人民解放。

28年，1万余天，每一天，中国共产党员都在为民族解放事业前赴后继；每一天，都有中国共产党党员为了民族解放的理想而倒下。1945年中共七大召开时，曾初步统计过中国共产党的牺牲人数，当时的说法是：北伐战争、土地革命战争和抗日战争期间在战场上牺牲的革命者有76万余人，其中有共产党员32万人；1927—1932年，仅在刑场上牺牲的共产党员和革命群众至少在100万人以上。中华人民共和国成立后，民政部门和组织部门也对这一人数进行过统计，但是由于跨越时间太长、所处的历史环境太特殊，实在无法精确地知道究竟有多少共产党员牺牲，只能得出一个大概数字：370万。也就是说，从中国共产党成立之日起到中华人民共和国成立，平均每天都有370名共产党员牺牲！这个数字，足以彪炳人类史册！在人类历史上，从来没有一个组织为了国家的独立付出过这么大的代价。在武器装备、物资补给严重处于劣势的情况下，靠着这样空前的牺牲，才换取了中国的解放。这难道不是最大的担当吗？

了解中国近现代史的人都知道，经历漫长封建社会的中国直到20世纪初才建立了真正意义上的现代政党制度。19世纪中叶，欧洲大陆工人运动此起彼伏，共产主义学说方兴未艾。而这一切与东方古国——中国却毫无关系。马克思曾这样评价中国，一个人口几乎占人类1/3的大帝国，不顾时势，安于现状，人为地隔绝于世，并因此竭力以天朝尽善尽美的幻想自欺。

绵延了几千年的封建王朝外强中干，在帝国主义的坚船利炮下风雨飘摇，逐步成为半殖民地半封建社会。中国，开始了屈辱的历史，从此也开启了民族复兴的征程。为了探求救亡图存的正确道路，中国的先进分子带领中国人民坚持在苦难和挫折中求索、在风雨飘摇中前进，挽狂澜于既倒、扶大厦之将倾，表现出了百折不挠的英雄气概。从1840年鸦片战争到1919年五四运动前夜的70多年中，中国人民没有什么思想武器可以抵御帝国主义。洋务运动失败了，维新运动失败了，辛亥革命虽然推翻了封建帝制，但最终也失败了。

少时接受进步思想的孙中山首举彻底反帝反封建的旗帜，“起共和而终两千年封建帝制”。1911年10月10日深夜，武昌城的枪声惊醒了沉睡的中国，反封建怒潮在各地此起彼伏，声势日渐高涨。4个月后，1912年2月12日，摇摇欲坠的清政府发布退位诏书，统治中国2132年的封建帝制宣告结束。

刚刚成立的中华民国百废待兴，最迫切的任务就是与积淀数千年的封建传统告别，建立起一套符合民主政治的运转制度。

3月10日，袁世凯在北京就任临时大总统，第二天，一部由孙中山主持、时任法制院院长宋教仁主稿的《中华民国临时约法》正式通过了。这是中国历史上第一部资产阶级性质的宪法文件，全文共7章56条，以法律形式确定了人民“结社自由”的权利，激发了人们的组党热情，给中国政党的兴起和发展提供了一定条件。据统计，从中华民国成立到1913年袁世凯称帝，成立的有名称可数的政党多达321个。雨后春笋般出现的政党大多昙花一现，甚至没有在历史上留下任何痕迹，更担当不了救亡图存的历史重任。很快，中国又陷入四分五裂的军阀混战局面。

中国今后的路该怎么走？1917年的俄国十月革命唤醒了中国人，中国人学到了一样新东西，这就是马克思列宁主义。马克思主义的广泛传播，为中国人民带来了希望之光。马克思主义与中国工人运动相结合，促成了中国共产党的诞生。这就是中国共产党“出发”的原因和动力。从此，中国人民谋求民族独立、人民解放和国家富强、人民幸福的斗争有了主心骨，中国人民从精神上由被动转为主动。

党的一大召开时，全国只有50多名共产党员。而28年后，这个党带领中国人民岿然屹立于世界东方。这28年，走得艰辛但笃定。四一二反革命政变，幼年时期的中国共产党遭受了第一次重大挫折并付出沉重代价。陈独秀因右倾机会主义错误受到党内严重批评并被解除总书记一职。李大钊被奉系军阀逮捕，从容走上刑场。大批共产党员和革命群众倒在敌人的屠刀下。白色恐怖考验着中国共产党这个年轻的政党，零星的革命火种在暴风雨中顽强燃烧。深夜的南昌，划破夜空的枪声开启了中国共产党武装反抗的序幕。它像一声春雷，使千百万革命群众在经历了一系列的严重挫败后，又在黑暗中看到了高高举起的火炬。秋收起义在遭到强大阻力之际临时调整计划，转移到敌人统治力量薄弱的农村山区，为中国革命提供了“农村包围城市”的正确方案。善于从失败中吸取教训的中国共产党，在三湾的一家小小的杂货铺——协盛和杂货铺对部队进行了整顿和改编，解决了建制零乱、基层党组织缺乏战斗力、不民主等问题，大大提高了部队的凝聚力，形成了“支部建在连上”等一系列建军方案。井冈山的龙江书院里，毛泽东和朱德的手紧紧地握在一起，这支令敌人闻风丧胆的部队给中国革命带来了转机。经过创建、发展红军和农村革命根据地的实践，中国共产党逐步找到了一条推动中国革命走向复兴和胜利的道路。井冈山的星星之火，终于燎原。福建省龙岩市上杭县的古田，因为召开过红四军第九次党的代表大会而被载入史册，“党指挥枪”，红军的性质、宗旨和任务等事关党的事业兴衰成败的根本性问题通过这次会议得以明确，其精神至今仍然是人民解放军行动的基本遵循和原则。大革命失败后的中国共产党，创建红军和红色政权，开展武装斗争，实行土地革命。到1930年夏，全国已建立起十几块农村革命根据地，红军发展到约

7万人，连同地方革命武装共约10万人，分布在远离中心城市的偏远地区。中国共产党逐步从极其严重的困境中走了出来，革命事业开始走向复兴。此时，国民党开始了对革命根据地的疯狂“围剿”，以教条主义、媚苏亲苏为特征的“左”倾机会主义路线占据上风，给革命事业造成极大危害，直接导致第五次反“围剿”失败，从而开启了人类历史上绝无仅有的二万五千里长征。固陂、城口、宜章渡口、广西界首渡口，敌人心目中“铜墙铁壁，坚不可摧”的封锁线被红军逐一突破。遵义会议拨开了中国革命的迷雾，在最危急的关头挽救了党、挽救了红军、挽救了中国革命。中共中央和红军还在长征途中的时候，民族危机日益加深，全国人民抗日救亡运动高涨。中共中央在陕北子长县瓦窑堡召开了政治局扩大会议，制定了抗日民族统一战线的策略方针，为党领导全国人民迎接伟大的抗日战争奠定了政治基础。长征途中，中央红军共进行了600余次战役战斗，攻占700多座县城，共击溃国民党军数百个团，其间途经11个省，攀越40余座高山险峰，跨越近百条江河，走过荒无人烟的草地，翻过连绵起伏的雪山，行程约二万五千里，于1935年10月到达陕北，与陕北红军胜利会师。1936年10月，红一、二、四方面军分别于甘肃会宁、将台堡胜利会师，标志着具有伟大历史意义的红军长征的胜利结束。从1935年10月19日到1948年3月23日，以毛泽东为代表的中共中央在延安战斗和生活了13年，创造了“延安奇迹”。延安和陕甘宁边区成为中国人民抗日战争的领导中心、解放战争的总后方、万众瞩目的革命圣地——西北革命根据地。西安事变和平解决，在抗日的前提下，国共两党实行第二次合作成为不可抗拒的大势。中国共产党顺势而为，众志成城、同仇敌忾，一同筑起了中华民族抗击日本侵略者的钢铁长城。抗日战争的胜利，洗雪了近代以来的民族耻辱，成为中华民族由衰败到重新振兴的转折点。饱受战争之苦的中国人民渴望和平，毛泽东不顾个人安危亲赴重庆和谈，有力地宣告：中国共产党是真诚地谋求和平的，是真正地代表全国人民的利益和愿望的。西柏坡是解放全中国的最后一个农村指挥所。在这里，党中央运筹帷幄，成功指挥了包括三大战役在内的24次战役。辽沈、淮海、平津三大战役是人民解放战争中最激动人心的战略大决战。国民党军150多万人，在短短4个月里灰飞烟灭。共产党在这里完善了农村土地改革政策，探索了未来建立什么样的国家，直至中国共产党七届二中全会在西柏坡召开，为新中国的建立一举奠定了坚实的基础。1949年4月23日晚，人民解放军占领南京，解放军指战员们将红旗插上南京国民党“总统府”的门楼，宣告延续22年的国民党政权覆灭。1949年10月1日，中华人民共和国成立。中国人民在中国共产党的领导下实现了新民主主义革命的伟大胜利，从此，结束了中国100多年来被侵略、被奴役的屈辱历史，真正成为独立自主的国家，中华民族的发展进入了新纪元。

（三）开辟中国特色社会主义发展道路

中国共产党人并没有躺在功劳簿上停滞不前，而是不忘初心，把新民主主义革命的成功看作“万里长征走完的第一步”，继续矢志于追求共产主义理想的社会。中华人民共和国成立后，中国共产党人团结带领人民创造性地实现了由新民主主义到社会主义的转变，确立了社会主义基本制度，消灭了一切剥削制度，推进了社会主义建设，完成了中华民族最广泛而深刻的社会变革，为当代中国发展进步奠定了根本政治前提和制度基础。

1952年，在国民经济初步走出战争阴影的基础上，我们党在全国范围内进行了前所未有的社会主义改造，农业、手工业和资本主义工商业的面貌焕然一新。4年的时间，我国的经济结构、阶级关系发生了根本变化，社会主义制度在中国大地扎根，占世界人口1/4的东方大国进入了社会主义社会。

新中国一穷二白，80%的中国人是文盲或半文盲。摆在我们党面前的一个重要任务就是在这样一个贫穷落后的人口大国普及教育，为社会发展提供所需要的知识和人才。1949年，我们党将教育建设的方针确定为教育向工农开门。1950年1月，全国第一所工农速成中学——北京实验工农速成中学成立。这所学校就是如今赫赫有名的中国人民大学附属中学的前身。当时，这所学校的学生里有一个名人，他就是高玉宝。1927年，高玉宝出生在辽宁大连的一户贫苦农家。因家境贫困，高玉宝只上了一个月的学就不得不辍学，读书识字成为他深藏在内心的愿望。1947年，20岁的高玉宝成为一名解放军战士。在部队，高玉宝成长进步很快，并积极向党组织靠拢。1948年，高玉宝想入党的愿望越来越强烈，可是高玉宝不认识几个字，当时部队里识字的人也不多，于是就有了一份由两个字和6幅图组成的“特殊”的入党申请书：我从心眼里要入党。高玉宝只会写“我”字，毛毛虫代表“从”，心形代表“心”，眼睛代表“眼”，梨子代表“里”，咬是“要”的谐音，鱼是“入”的谐音，钟指的是钟声“当当”代表“党”。高玉宝读书的愿望在新社会得以实现。1952年，25岁的高玉宝重返校园，在北京实验工农速成中学里用4年时间学完了小学、初中、高中12年的功课，后又考上了中国人民大学新闻系，成为一名作家。高玉宝的命运是那个时代的缩影。据统计，1953年全国速成中学在读学生28000名，工农干部占56.3%，产业工人占25.5%，军人占18.2%，其中劳动模范339人，战斗英雄56人，先进工作者784人。

只有社会主义才能救中国，也只有社会主义才能发展中国。然而，什么是社会主义？当时我们还不完全清楚。邓小平一句“贫穷不是社会主义”，醍醐灌顶，振聋发聩。让人们真正理解到，社会主义要在中国取得成功，必须走中国特色社会主义的发展道路。1978年12月18日，中国共产党第十一届中央委员会第三次全体会议在北京举行，会议决定把全党工作的重心转移到社会主义现代化建设上来。中国共产党走前人没有走过的路，翻开了改革开放的历史新篇章。凭着对人民负责的担当精神，我们党在改革开放的崭新实践中，在做好顶层设计的同时“摸着石头过河”，开辟了中国特色社会主义道路。

苏联解体以及东欧剧变，使得蓬勃于20世纪的社会主义运动在20世纪尚未结束时便走向了低潮。与此同时，社会主义中国瞬间被推上了风口浪尖，西方政客放言：中国的社会主义大旗也扛不了多久。1988年，美国学者弗朗西斯·福山提出的“历史终结论”，似乎得到了现实的印证。

在关系党和国家前途命运的重大关头，我们党高高举起社会主义大旗，同时深刻认识和准确把握世情、国情、党情的发展变化，在实践中创造了治党治国新的宝贵经验，巩固了改革发展稳定大局，成功把中国特色社会主义推向21世纪。

中国的国情决定，只有农民富起来，才能说得上全体人民富起来。在中国农业博物馆里，珍藏着河北农民王三妮自己出资、耗时一年多铸下的《告别田赋鼎》。2006年1月1日，国家取消农业税，农民告别了延续2600多年的田赋。喜不自胜的王三妮在铭文中写道：“我是农民的儿子，祖上几代耕织辈辈纳税。今朝告别了田赋，我要代表农民铸鼎刻铭，告知后人，万代歌颂永世不忘。”在共产党的领导下，几千年来“土无次第、税非所出、积重难返”的黄宗羲定律被打破。紧接着，九年义务教育、学杂费全免、贫困生给予助学补助；新型农村合作医疗的推广和普及，让农民看病不再是难题，国家惠农政策的密集出台，使得农民生活发生了翻天覆地的变化，亿万农民富裕起来的梦想成为现实。我们唱着《东方红》，当家做主站起来；我们讲着春天的故事，改革开放富起来。党为人民谋幸福，人民心中流出欢乐的歌谣。

2008年北京奥运会的召开，圆了中华民族的百年梦想。奥运圣火在神州大地点燃的那一刻，中华儿女的欢呼声响彻云霄。上海世博会上，我们向世界展现了中华民族的灿烂文明和优秀文化，展现了改革开放以来的辉煌成就，展现了各族人民为实现全面建设小康社会目标而团结奋斗的精神风貌。在“非典”、汶川特大地震等灾害和席卷全球的国际金融危机面前，我们党科学判断、果断决策，成功克难事、办大事，坚持改革开放、推动科学发展，在新的历史起点上坚持和发展了中国特色社会主义。

2010年8月16日，一组数据公布：中国在当年第二季度超越日本成为仅次于美国的世界第二大经济体。这是一个令人骄傲的数据，也是一个重要的里程碑，它表明在中国共产党的领导下，中国的经济实力发生了巨大变化。1970年，我国的经济总量位列世界第八位。改革开放的举措，极大地提速了中国经济的发展。中国经济一度领跑世界，傲视群雄。刚刚进入21世纪的中国，就已赶超意大利成为世界第六大经济体。仅仅5年后，中国速度再次刷新了排名，中国的经济规模超过英国，成为仅次于美国、日本和德国的世界第四大经济体。又过了两年，2007年，中国凭借13%的GDP增速超过德国，成为世界第三大经济体。2010年，中国再次刷新成绩，超越日本成为世界第二大经济体。进入21世纪的短短10年，中国以一组完美的“撑竿跳”，改写了自己在世界民族之林的地位，赢得了全世界的赞叹和掌声，实现了从“赶上时代”到“引领时代”的伟大跨越。

（四）为实现“两个一百年”的伟大目标奋斗

习近平在十八届中央政治局常委会上同中外记者见面时，庄严地提出“三个责任”：对民族的责任、对人民的责任、对党的责任。这是中国共产党人的历史大担当。

中国共产党在经历了革命、建设、改革开放的重重考验之后，在带领中国人民取得一个又一个伟大胜利之后，进入了中国特色社会主义新时代，实现了第一个百年奋斗目标，正在向第二个百年奋斗目标进军。

党的十八大以来，我们党面对世界经济复苏乏力、局部冲突和动荡频发、全球性问题加剧的外部环境，面对我国经济发展进入新常态等一系列深刻变化，以习近平同志为核心的党中央，“以伟大的历史主动精神、巨大的政治勇气、强烈的责任担当，统筹国内国际两个大局，贯彻党的基本理论、基本路线、基本方略，统揽伟大斗争、伟大工程、伟大事业、伟大梦想，坚持稳中求进工作总基调，出台一系列重大方针政策，推出一系列重大举措，推进一系列重大工作，战胜一系列重大风险挑战，解决了许多长期想解决而没有解决的难题，办成了许多过去想办而没有办成的大事，推动党和国家事业取得历史性成就、发生历史性变革。”①

——从经济发展长周期和全球政治经济大背景出发，综合分析我国经济发展的阶段性特征和诸多结构性变化，做出经济发展进入新常态的重大判断，坚持创新、协调、绿色、开放、共享的新发展理念，以供给侧结构性改革为主线的政策框架，贯彻稳中求进工作总基调；妥善应对各类重大风险挑战，全面深化改革开放，加强和改善宏观调控，引领我国经济航船行稳致远，持续保持中高速增长、领跑世界主要经济体，结构调整和转型升级取得明显成效，创新驱动发展动力持续增强，社会生产力、经济实力、国际影响力显著提高。

——牢牢把握中国特色社会主义民主政治发展方向，坚持党的领导、人民当家做主、依法治国有机统一，沿着民主法治的道路，坚定地进行改革，完善和发展中国特色社会主义制度，推进国家治理体系和治理能力现代化，中国特色社会主义拓展了发展

① 《中共中央关于党的百年奋斗重大成就和历史经验的决议》，人民出版社2021年版，第27页。

中国家走向现代化的途径，为解决人类问题贡献了中国智慧、提供了中国方案。

——加强党对意识形态工作的领导，坚持社会主义先进文化前进方向，坚定文化自信，增强文化自觉，加快文化改革发展，建设社会主义文化强国，主阵地更壮大、主旋律更响亮、正能量更强劲，巩固了全党全社会思想上的团结统一，为实现中华民族伟大复兴的中国梦提供了强有力的思想舆论保证和良好精神文化条件。

——坚持以人民为中心的发展思想，把民生工作和社会治理作为社会建设的两大根本任务，注重机会公平，保障基本民生，增加公共服务供给，保证人民群众安居乐业，推动实现经济发展和民生改善良性循环，使全体人民在共建共享发展中有更多获得感。

——将生态文明建设作为统筹推进“五位一体”总体部署和协调推进“四个全面”战略布局的重要内容。践行绿色发展理念，坚持节约资源和保护环境基本国策，加快推进主体功能区建设，推进空间规划体系改革，全面推进能源资源节约，着力改善生态环境质量，积极应对气候变化，加快建立健全制度体系，努力建设美丽中国，实现中华民族永续发展，推动生态文明建设从理论到实践取得新的重要进展。

——领导推进国防和军队建设，深入贯彻党在新时代的强军思想，贯彻新形势下军事战略方针，全面实施政治建军、改革强军、科技兴军、依法治军，拓展和深化军事斗争准备，推进军民融合深度发展，在中国特色强军之路上迈出新的重要步伐。

——全面准确贯彻“一国两制”、“港人治港”、“澳人治澳”、高度自治的方针，不断丰富“一国两制”理论与实践，全力支持香港、澳门特别行政区行政长官和政府依法施政，促进香港、澳门同胞在爱国爱港、爱国爱澳旗帜下团结协作，发展经济，改善民生，防范和遏制外部势力干预港澳事务，推动香港、澳门各项事业取得新进展。毫不动摇坚持一个中国原则，维护“九二共识”政治基础，坚决反对和遏制任何形式的“台独”分裂活动，推动和维护两岸关系和平发展，不断加强两岸民间各领域交流合作，持续促进两岸经济社会融合发展，团结两岸同胞共同推进祖国和平统一进程。

——中国外交以习近平外交思想为指引，牢牢把握坚持和平发展、促进民族复兴这条主线，坚持推动构建人类命运共同体，锐意进取、攻坚克难，以大格局、大气魄、大手笔书写了新时期波澜壮阔的新篇章，有力维护了我国发展的良好外部环境，大幅提升了我国国际地位和影响，为人类和平与发展事业做出新的重大贡献。

——进行伟大斗争、建设伟大工程、推进伟大事业、实现伟大梦想，牢牢把握全面从严治党这一鲜明主题，身体力行、率先垂范，坚持抓思想从严、管党从严、执纪从严、治吏从严、作风从严、反腐从严，推动党的建设取得重大历史性成就，开辟了管党治党新境界，赢得了全党全军全国各族人民衷心拥护，为开创党和国家事业新局面提供了根本政治保证。

站在历史与未来的交会点，更伟大的征程正在我们面前展开。以中国式现代化全面推进中华民族伟大复兴，这是一场艰苦的奋斗，也是一次豪迈的进军。行走在复兴之路上，中国的昨天，雄关漫道真如铁；中国的今天，人间正道是沧桑；中国的明天，直挂云帆济沧海。中华民族伟大复兴的历史使命是压在每一位党员领导干部肩头的责任，需要每一位党员领导干部共同担当。敢于担当，需要每一位共产党员用一生去践行！

三、中国共产党人的历史大担当

敢于担当是中国共产党人的政治本色，是中国共产党从胜利走向胜利的行为保障。习近平指出："干部敢于担当作为，这既是政治品格，也是从政本分。"[①]并反复强调该承担的责任必须承担。使命呼唤担当。在中国，历史选择了中国共产党，人民选

① 《习近平在十九届中央政治局第十次集体学习时的讲话》，《人民日报》2018年11月26日，第1版。

择了中国共产党。那么，中国共产党人要担当起哪些历史责任，完成好人民的考验呢?

（一）共产党人肩负担当道义的责任

根据《现代汉语词典》的解释，道义是指道德和义理。道义这个词出现很早，说明它与人们的社会生活有着紧密联系。在《易经·系辞》中有这样的记载："成性存存，道义之门。"《系辞》通篇告诉我们一个道理，就是要崇德、崇知、崇高。

道义的担当是革命志士薪火相传的宝贵品格。对共产党人来说，我们要担当的道义，是人间的正义，是人类的真理，是共产主义的理想。担当道义就是要坚决维护和弘扬道德和义理，在其受阻时，不惜以异常手段乃至一己生命去捍卫它。

道义的担当从来就是仁人志士的追求。从文天祥的"时穷节乃见，一一垂丹青"，到蒲松龄的"我与若夫道义交，不敢为此兽行"，再到谭嗣同的"我自横刀向天笑，去留肝胆两昆仑"，担当道义是"富贵不能淫，贫贱不能移，威武不能屈"的执着，是"追求真理，奋然敢为"的风骨，是"坚实道德、捍卫正义"的顽强。一代又一代的志士在维护人间正义时表现出感天动地的气节，至今为后人所敬仰。

担当道义可以分为三个层次。

第一个层次要求我们，明辨是非曲直、不人云亦云，在任何情况下都按照正确的方向说话办事。

第二个层次要求我们，不仅要做到独善其身，还应担当起向社会传播真理、唤醒民众的责任。正如日本著名作家池田大作评价鲁迅那样：“他有时像严父一样，叱责民众；有时又如慈母一般，面对身负重伤，濒死而号哭的子女，哀其不幸；又像一位双眼充满泪光，手持手术刀为自己孩子治疗的医生。”鲁迅以笔为武器，立志“改造国民精神”，他的作品在文学史上赢得了重要地位，他也赢得了人们的敬仰和尊重。以上两个层次，在一定程度上暗合了古人推崇的“穷则独善其身，达则兼济天下”。

担当道义的最高层次，就是面临质疑、否定、危机甚至生命危险时，仍能坚守住真理，不妥协、不放弃。这就是所谓的舍生取义。中国共产党创始人之一李大钊的一生，很好地诠释了担当道义的三个层次。

李大钊的生命，短暂而灿烂。他用自己的生命之光，为当时黑暗的中国带来希望。他的一生都在探索真理和民族的出路，在倡导新文化运动、研究和传播马克思主义，创建中国共产党、建立国民革命统一战线、领导北方党组织开展工农运动等斗争中建立了不朽功绩，并最终将“红花的种子”撒向全国。李大钊最推崇的一副对联“铁肩担道义　妙手著文章”，可以说是他生命的真实写照。

1916年9月的一天，李大钊题写了“铁肩担道义　妙手著文章”的对联，送给表弟杨子惠和章士钊夫人吴若男。当时的李大钊，脑海中浮现起一个铮铮铁骨的古人——杨继盛。杨继盛是明朝历史上著名的谏臣，为了匡扶正义，他以死弹劾对自己有提拔之恩但是专权窃国的严嵩。上书《请诛贼臣疏》，历数严嵩“十罪五奸”，被史家称为“明史上的一篇大奏牍”。后被严嵩杀害，年仅39岁。杨继盛的一生光明磊落、浩气坦荡，他曾书“铁肩担道义　辣手著文章”，并将其作为座右铭。数百年来，这副对联影响和激励着一代又一代人，也包括李大钊。所以，当朋友提出请李大钊写副对联时，他便写下了这副对联，只是将“辣”字改成了“妙”字。

1889年出生在河北乐亭的李大钊，经历了战乱动荡，这让他从小就有了忧国忧民情怀。辛亥革命后，北洋军阀篡夺政权，中国内忧外患不断加剧，李大钊决心为“再造中华”而努力奋斗。1907年，李大钊考入天津北洋法政专门学校，在校期间开始发表文章。这一时期，李大钊受到民主自由思潮的影响，立志研究政治，爱国思想日益高涨，为此，他特意将名字改为“钊”，表示勉励之意。1913年，李大钊东渡日本就读东京早稻田大学，在那里接触到了社会主义思想和马克思主义学说。俄国十月革命让李大钊看到了中国救亡与复兴的曙光。此时的李大钊找到了社会发展的真理，实现了担当道义的第一个层次。

1918年，李大钊回国担任北京大学图书馆主任兼经济系教授。此时的他，已经是一名坚定的马克思主义者。他主动担当起开启民智、传播真理的使命，开始践行担当道义的第二个层次，积极投身于正在兴起的新文化运动。1918年年底，李大钊接连在《新青年》上发表了《庶民的胜利》《布尔什维主义的胜利》等文章，充满激情地预言“试看将来的环球，必是赤旗的世界”。五四运动前后，他在《新青年》发表《我的马克思主义观》，这是我国第一篇系统介绍马克思主义基本原理的文章，李大钊坚定地指出，马克思主义是“拯救中国的导星”。除了在杂志上发表大量有影响力的文章，李大钊还将三尺讲台作为传播新思想的阵地，先后在北京大学、北京女子高等师范学校、北京高等师范学校讲授唯物史观、马克思主义经济学、社会发展史、社会学等课程，影响了一大批世界观、价值观正在形成的青年人。李大钊还经常深入公园、矿区等地，向民众、工人传播马克思学说。1921年1月，邓中夏、张太雷等北京共产主义小组成员在北京长辛店创办了劳动补习学校。作为北方最早的一所工人学校，该校为北方铁路工人运动培养了第一批骨干。教员大都由北京大学师生担任，李大钊也曾去讲课。一天，李大钊来到长辛店劳动补习学校，工人们都很高兴，热烈地欢迎李大钊。教室里坐不下，工人们就站着听。李大钊勉励大家：“你们要好好学习文化、学技术。你们工人可不矮啊！工人够上天那么高呀！”说着，李大钊在黑板上写了个“工”字，又在“工”字下面添了个“人”字，笑着说：“工、人合起来，不就和天一样大吗？”工人们大笑起来，频频点头。李大钊接着说：“咱们中国，四万万同胞，两万万男子，两万万女子，要并肩前进，将来建设社会主义、建设美好的中国！”工人们听了，无比振奋，教室内久久回荡着热烈的掌声！

传播真理是李大钊为之奋斗终生的事业，只要有利于启迪民智、推动社会进步的，李大钊都愿意去尝试。1919年隆冬，李大钊回到家乡——河北省乐亭县大黑坨村。这次回来，他是要完成自己心中的夙愿——让家乡的孩子能接受现代教育，成为对国家有用的栋梁之材。李大钊说服了开明乡绅，在他们的支持下，将村西的华岩寺改建成学校。李大钊亲书对联“学校造人才为改造社会　读书为做事不是为做官”。这副对联，是李大钊运用马克思主义分析教育问题的集中体现，是与科举制度及其教育思想彻底决裂的宣言，也是对创建现代教育制度的召唤。而今，百余年过去了，大黑坨小学里每天仍传出琅琅的读书声，李大钊手书的那副对联依然指引着这所学校的育人方向。从这里走出唐山、走出河北、走向全国乃至全世界的一代又一代人，用他们的实际行动告慰着李大钊的英灵。

在李大钊的影响下，无数年轻人接受了马克思主义真理、走上了救国兴国之路。中国第一位女共产党员缪伯英就是李大钊的学生。缪伯英出生于湖南的书香门第，1919年7月考入北京女子高等师范学校。在北京，缪伯英的视野开阔了，她如饥似渴地接受、吸收着新思想，阅读了陈独秀、李大钊的文章，并经常到北京大学聆听李大钊的讲课。有一次，李大钊在课堂上谈到国家民族存亡之际的青年学习、生活方向问题时，激动地对听课的年轻人说："只要我们有觉悟的精神，世间的黑暗终有绝灭的一天。努力啊，猛进啊，我亲爱的青年。"坐在下面的缪伯英听得心潮澎湃。课后，缪伯英找到李大钊，按捺不住激动的心情："您讲得真好，我不是北大学生，您能收我做学生吗？"李大钊爽快地答应了。从此，缪伯英经常向李大钊请教问题。1920年年初，北大学生邓中夏、何孟雄、高君宇等19人发起成立北京大学马克思学说研究会，在李大钊的建议下，缪伯英积极地参与到研究会的活动中。他们常聚在北大的亢慕义斋，一起研读马列主义著作。缪伯英经常把进步书刊秘密带回自己的学校，在进步同学中传阅。1920年11月，北京社会主义青年团成立，缪伯英成为北京地区第一位女团员。同月，为充实北京党组织的力量，李大钊决定从青年团员中吸收缪伯英、何孟雄、邓中夏等5人入党。缪伯英成为中国共产党第一位女党员，时年21岁。从此，缪伯英将自己的全部精力投入到党的事业中。长期食无定时、居无定所的生活，拖垮了缪伯英的身体。1929年10月，年仅30岁的缪伯英染上伤寒，一个年轻的、充满活力的生命从此画上了句号。临终前，缪伯英心里想的还是未竟的事业，不无遗憾地感慨：“未能战死沙场，真是恨事！”

1920年3月，在李大钊的倡议下，中国最早学习和研究马克思主义的团体——马克思学说研究会成立。1921年，中国共产党成立，作为主要创始人之一的李大钊立下了汗马功劳。中国共产党成立后，李大钊更是为党的事业整日操劳、四处奔波，直至英勇就义。

1927年4月6日，李大钊在北京被奉系军阀张作霖逮捕，28日在北京英勇就义。行刑前，李大钊意气轩昂、胸襟爽朗，丝毫不像即将赴死之人。刑场上，敌人问李大钊要不要给家人留下书信。李大钊回答说：“我是崇信共产主义者，知有主义不知有家，为主义而死兮也，何函为？”又说，“不能因为反动派今天绞死了我，就绞死了伟大的共产主义，共产主义在中国必然得到光辉的胜利！我们已经培养了很多同志，如同红花的种子，撒遍各地！”李大钊用自己的生命在暮霭沉沉的旧中国扛起了共产主义的红色大旗。今天的中国，印证了李大钊的预言，9900余万“红花的种子”已经撒遍新时代的中国大地。而李大钊的“勇往奋进以赴之”“殚精瘁力以成之”“断头流血以从之”的革命担当，在今日中国依然闪耀着动人的光芒。

（二）共产党人肩负担当全局的责任

“不谋万世者，不足谋一时；不谋全局者，不足谋一域。”担当全局是共产党人的政治境界，是共产党员，尤其是党的领导干部应有的政治担当。在人民群众的根本利益、党和国家的全局利益面前的所作所为，是考验共产党人责任担当的试金石。

2013年11月12日，举世瞩目的中国共产党第十八届三中全会胜利落下帷幕，全会审议通过《中共中央关于全面深化改革若干重大问题的决定》。习近平就《中共中央关于全面深化改革若干重大问题的决定（讨论稿）》向全会做的说明中，有这样一段话：“不谋万世者，不足谋一时；不谋全局者，不足谋一域。”他强调，“大家来自不同部门和单位，都要从全局看问题，首先要看提出的重大改革举措是否符合全局需要，是否有利于党和国家事业长远发展”。①

梳理习近平总书记系列重要讲话，不难发现，“不谋万世者，不足谋一时；不谋全局者，不足谋一域”是总书记讲话中的高频词。《习近平用典》一书的典故释义作者杨立新从该书收录的135个习近平在发表重要讲话时用的典故中，梳理出10个使用频率最高的典故，这句话赫然在列。

---

① 习近平：《关于〈中共中央关于全面深化改革若干重大问题的决定〉的说明》，《人民日报》2013年11月16日，第1版。

"不谋万世者，不足谋一时；不谋全局者，不足谋一域"出自清光绪年间举人陈澹然，他在写下这句话时一定想象不到能产生如此深远的影响。陈澹然天资聪颖，在桐城应试时，更是从数千名考生中脱颖而出、文压群芳，深受李鸿章的赏识。陈澹然生活的晚清，国势日衰，列强围攻，内外交困。为挽救颓势，陈澹然于1898年写下了近7000字的名篇《迁都建藩议》，提出将朝廷迁到荆州以化解困局。为了说服主政者，陈澹然列举了迁都的诸多好处并慷慨激昂地写下"不谋万世者，不足谋一时；不谋全局者，不足谋一域"，希望清政府能站在全局的高度明辨是非和要害。

这句话反映的是全局观的问题，它告诉我们，不从长远利益考虑问题，就难以谋划周全一时之事；不从全局利益考虑问题，就难以筹谋得当局部之事。这样一种考虑问题、处理事情的态度，为人们世代所推崇。古代产生并流传下来的诸多成语，很能反映这一问题。盲人摸象、一目之罗、一叶蔽目等成语，讽刺的都是不从全局做判断、为局部所迷惑的现象。

对于广大党员干部而言，更需要处理好局部和全局的关系，要坚持把全局作为我们考虑一切问题的出发点和落脚点，以全局利益作为最高的价值追求，在事关全局的重大问题上必须立场坚定、旗帜鲜明，必须牢固树立全局观念。每一名党员干部都有自己的岗位、扮演着不同角色，难免会受到视野局限的影响和利益的牵绊。这时候，就要求我们能站在全局的高度看问题，在做出判断和决定时，先问问自己，这些举措是否符合全局需要、是否有利于党和国家事业长远发展、是否有利于为人民谋利益。在局部出现问题的时候，更应站在全局的高度辩证去看待，分清楚局部和全局、量变和质变，不因眼前的、一时的困难、挫折、失误而否定整体的走向。只有坚持全局观，才能保持政治能力，“任尔东西南北风”，“我自岿然不动”。

井冈山时期的毛泽东，在局部革命遭到失败的时候，想要上井冈山都被当地的农民武装领袖袁文才婉拒。但毛泽东仍能保持高昂的革命必胜的信心，创建了中国第一个农村革命根据地，走出了符合中国革命斗争实际的“农村包围城市”的道路。虽然偏居一隅，但毛泽东仍胸怀革命大业，写就的《中国的红色政权为什么能够存在？》《井冈山的斗争》等著名篇章，洋溢着毛泽东的革命智慧和战略胆识。

刘邓大军千里挺进大别山被誉为“神来之笔”，但当人们关注历史的细节时就会发现，与刘邓大军在战场上的胜利相比，其在维护全局利益时所表现出的担当精神同样令人敬佩。1946年6月，国共和平谈判失败，全面内战爆发。之后近一年的时间里，战场都在解放区。客观而言，由于解放区有良好的群众基础、便于后勤补给，对我军是有利的。但是时间一长，战争对解放区造成的损害就逐渐显现出来，农事无法正常开展、庄稼绝收，解放区日渐陷入困境。在这种情况下，必须进行强有力的突围，进行军事大反攻，才有胜利的希望。反复斟酌之后，毛泽东致信刘伯承和邓小平，建议他们挺进到敌人的后方去。这不可不谓一次大胆的军事行动，决定一出，就引起了各方的争论。

在这种情况下，刘伯承和邓小平从接到毛泽东的密电到大部队出发，只用了10天时间。刘伯承和邓小平没有考虑自身的安危和利益，而是将部队的去留放到解放战争的全局中去考量，坚决执行中央做出的决定。刘邓大军挺进大别山，缓解了陕北压力，拉开了反攻序幕，为人民解放战争的全局做出了担当。在后来的淮海战役中，刘邓在大别山建立的战略游击区也起到了重要作用。多年以后，邓小平在进行“政治交代”时曾谈到一个重大问题，就是我们应该组成一个什么样的中央领导集体。邓小平讲了三条，其中最重要的一条就是：“要从大局看问题，放眼世界，放眼未来，也放眼当前，放眼一切方面。”

中华人民共和国成立前夕，被关押在白公馆、渣滓洞里的一大批共产党员也曾经历过类似的考验。当时的白公馆和渣滓洞被称为“两口活棺材”。这里最多时曾关押过300名革命者，大家所熟悉的江姐——江竹筠就关在这里。与江姐共同关押在这里的，有相当一部分是因为《挺进报》事件和川东武装起义被捕入狱的同志。

1948年4月，时任地下党重庆市委副书记的冉益智入狱叛变，供出时任地下党重庆市委书记刘国定，刘国定入狱后也随即叛变，造成大批党员被捕。

刘国定的叛变，对重庆地下党员的内心造成巨大的冲击，也引起了狱中同志的深思。在重庆地下党组织被完全摧毁、党组织负责人叛变的情况下，被捕的绝大多数党员始终坚信共产党，更加为党的前途和命运担忧，更多地去思考有关加强党的建设的大问题。他们在狱中利用一切机会秘密交流情况、征求意见、总结经验和教训。他们希望如果有朝一日谁能走出这里，可以把这份用生命换来的经验报告给党，希望我们的党能少走一些弯路，少一些无谓的牺牲，希望我们的党越来越壮大。

1949年11月27日，新中国的国旗已在天安门广场悬挂了58天。那天，距重庆解放也只有三天的时间，牢房里依稀能听到人民解放军解放重庆的枪炮声。在胜利即将到来之时，国民党特务开始了最后的疯狂屠杀。当天晚上，特务以“马上转移”为名，将牢房中的全部人员分别锁在8间牢房里，突然用机枪进行扫射，近300名手无寸铁的革命者倒在血泊之中。当渣滓洞的屠杀还在进行之际，囚禁在白公馆的罗广斌带领10多位难友，从事先策反的看守那里拿到了监狱大门的钥匙冒死突围，冲出牢笼，蛰伏乡间，三天之后迎来重庆解放。脱险后的罗广斌带着烈士的生命嘱托，奋笔疾书28天，完成了一份36000字的《重庆党组织破坏经过和狱中情形的报告》。这是一份烈士们在牺牲前经过集体讨论用血的教训书写出的秘密文件，凝结着革命先烈的共同心血，是他们用生命和鲜血为后人留下的血的嘱托。

1949年12月25日，罗广斌把报告交给了党组织。整份报告分为7个部分，第五、六部分已遗失。现存的部分一是案情发展，主要讲《挺进报》事件经过；二是叛徒群像，分析刘国定、冉益智等叛变革命原因；三是狱中情形，反映狱中斗争情况；四是脱险人物；七是狱中意见，总结了狱中难友提出的8条意见，也就是我们现在所说的“狱中八条”。当这8条嘱托首次公开时，很多人都觉得难以置信：身陷囹圄的烈士们怎么会提出整党整风、路线问题、防止腐化这样深刻的关乎全党建设的问题？没有担当全局的责任和气魄，烈士们怎么会去思考这些关乎全党建设的大问题？时至今日，这些血泪嘱托依然发人深省。罗广斌从狱中带出的8条嘱托，是从跌倒流血的地方播种出的期望。这期望穿越了70余年，历久弥新。

（三）共产党人肩负担当民生的责任

“民生”一般指与民众的基本生存、生活状态、发展机会、权益保护等有关的内容，比如我们通常所说的衣、食、住、行、教育、医疗、养老等问题。

马克思主义认为，人民群众是社会历史发展的真正动力。要推动人类社会向前发展，实现人民群众的利益，就必须高度关注民生，重视民生问题的解决。马克思主义思想指引下的中国共产党，继承了马克思主义的民生思想，同时汲取孙中山民生思想里的合理成分。在我们党没有执政的时候，就担当起组织领导劳苦大众为生存、为自由而斗争的责任。党执政以后，更是把实现人民群众的美好向往作为执政的奋斗目标。虽然不同时期的侧重点有所不同，但核心均与中国共产党的宗旨——全心全意为人民服务一脉相承。

新民主主义革命时期，毛泽东就曾写下《关心群众生活，注意工作方法》《为人民服务》《关于正确处理人民内部矛盾的问题》《新民主主义论》等名篇，这些成于战争年代的著作，通篇闪烁着毛泽东关注民生的思想光辉。毛泽东特别强调："一切群众的实际生活问题，都是我们应当注意的问题。"成为执政党后，我们党在恢复和发展经济时高度重视民生问题，并将其提到一个新的战略高度。

1978年，改革开放的春风吹遍大地，人们渴望过上富裕生活的愿望更加强烈。中国社会主义改革开放和现代化建设的总设计师邓小平提出："社会主义要消灭贫穷。贫穷不是社会主义，更不是共产主义。"[①]"社会主义经济政策对不对，归根到底要看

① 邓小平：《建设有中国特色的社会主义》，《邓小平文选》（第三卷），人民出版社1993年版，第64页。

生产力是否发展，人民收入是否增加。这是压倒一切的标准。空讲社会主义不行，人民不相信。”[①]“我们一定要根据现在的有利条件加速发展生产力，使人民的物质生活好一些，使人民的文化生活、精神面貌好一些。”[②]邓小平提出了“三步走”的战略目标，为现代化建设描绘了宏伟蓝图，也为保障和改善民生提供了切实可行的方法和步骤。

2000年年初，诞生近80年、执政半个世纪的中国共产党带领全国人民走进21世纪。进入新世纪就会面临许多新情况、新考验，如何更好地应对问题和挑战，是摆在我们党面前的一道必须作答的课题。同年2月21—25日，时任中共中央总书记的江泽民同志在广东考察工作时强调：“只要我们党始终成为中国先进社会生产力的发展要求、中国先进文化的前进方向、中国最广大人民的根本利益的忠实代表，我们党就能永远立于不败之地，永远得到全国各族人民的衷心拥护并带领人民不断前进。”代表“中国最广大人民的根本利益”就要求我们党高度重视解决和改善民生问题，处理好“发展”与“吃饭”的关系。基于此，江泽民同志提出了“新三步走”的发展战略。

2007年10月，在党的十七大上，胡锦涛同志代表第十六届中

---

① 邓小平：《社会主义首先要发展生产力》，《邓小平文选》（第二卷），人民出版社1993年版，第314页。

② 邓小平：《高举毛泽东思想旗帜，坚持实事求是的原则》，《邓小平文选》（第二卷），人民出版社1993年版，第128页。

央委员会向大会做了题为《高举中国特色社会主义伟大旗帜　为夺取全面建设小康社会新胜利而奋斗》的报告。报告明确提出了实现全面建设小康社会奋斗目标的新要求：增强发展协调性，努力实现经济又好又快发展；扩大社会主义民主，更好保障人民权益和社会公平正义；加强文化建设，明显提高全民族文明素质；加快发展社会事业，全面改善人民生活；建设生态文明，基本形成节约能源资源和保护生态环境的产业结构、增长方式、消费模式。以"以人为本"为核心的科学发展观是胡锦涛民生思想的集中体现。

"我们的人民热爱生活，期盼有更好的教育、更稳定的工作、更满意的收入、更可靠的社会保障、更高水平的医疗卫生服务、更舒适的居住条件、更优美的环境，期盼孩子们能成长得更好、工作得更好、生活得更好。人民对美好生活的向往，就是我们的奋斗目标。"[①]党的十八大以来，以习近平同志为核心的党中央坚持以人民为中心的发展思想，把民生工作和社会治理作为社会建设的两大根本任务，注重机会公平，保障基本民生，增加公共服务供给，保证人民群众安居乐业，推动实现经济发展和民生改善良性循环，使全体人民在共建共享发展中有更多获得感。

为中国人民谋幸福的初心，充分体现了共产党人的历史责

① 习近平：《人民对美好生活的向往，就是我们的奋斗目标》，《习近平谈治国理政》，外文出版社2014年版，第4页。

任，既指明了党对人民的责任担当，也表明了情系群众、关注民生的为民情怀。中国最广大人民群众的根本利益就是党的利益，我们党始终坚持人民至上的根本立场，人民群众对美好生活的向往，就是党的历史使命和执政目标。担当起人民最关切、最急需的民生问题，是各级党员领导干部的最大担当。

我们党有许多好干部，他们一心为民，带领人民谋幸福，在实现共同富裕的道路上披荆斩棘，用生命书写可歌可泣的动人故事。被誉为“中国的保尔·柯察金”的朱彦夫就是其中的一个典范。

1933年，朱彦夫出生于沂蒙山区的沂源县张家泉村，当时还叫张家庄村。有一首歌谣唱出了张家庄的贫困，也唱出了老百姓心里的苦。“张家庄，三慌慌，春天闹粮荒，夏天忙得慌，秋冬无衣愁得慌。”朱彦夫的童年记忆就是缺衣少吃，哪天能吃一顿饱饭晚上做梦都得笑醒。14岁的朱彦夫参了军，在战场上经受住了血与火的考验，因为表现突出，两年后他就成为一名共产党员。朝鲜战争爆发后，朱彦夫随大部队跨过鸭绿江。1950年冬天，朱彦夫所在的连在250高地遭遇敌人装备精良的两个营。一场恶战之后，朱彦夫的战友全部牺牲，身受重伤的朱彦夫也昏死过去。当他再睁开眼时，已是几十天之后。昏迷93天、手术47次，虽然捡回了一条命，但醒来的他发现自己的手脚都没有了，左眼也失明了，右眼仅有微弱的视力。“我这样的‘肉轱辘’

还要留在世上给他人平添负担吗？”那一刻，朱彦夫宁愿自己战死在战场上。

坚强的朱彦夫没有向命运低头，他知道未来的路会很难走，但还是决定要走下去，并且要靠自己的力量走下去。为了减轻国家负担，朱彦夫没有接受国家的照顾，1956年，他毅然回到了阔别已久的家乡。离家时，还是一个健康的小伙子，再次出现在乡亲们面前的朱彦夫，是一个身残志坚、坚忍刚毅的英雄。

乡亲们觉得，连生活都不能自理的朱彦夫肯定活不了多久。朱彦夫就从自己吃饭开始练起，在经历了无数次失败后，“肉轱辘”朱彦夫不仅能自己吃饭，还学会了自己捆绑绷带、装卸假肢、上厕所，健全人能干的事，朱彦夫大多都能干。朱彦夫还在自家庭院里种了两丛翠竹，一阵风吹过，竹叶沙沙作响，朱彦夫坐在院子里会心地笑了。这一切，被乡亲们看在眼里，他们对朱彦夫佩服得五体投地。于是，当1958年张家泉村要选举村党支部书记时，村里的所有党员一致推选这样一位失去手脚和左眼的“特等残疾”来当全村脱贫的带头人。党员们说：“他是战场上的英雄，更是生活中的英雄，好多健全人也比不过他，他让我们服气！”面对乡亲们的信任，朱彦夫只说了一句话：“共产党员连死都不怕，还怕啥？”这一年，朱彦夫25岁。从此，他肩负重任，没有手脚却书写了一篇篇描山写地的绝世文章！

当时虽然已经解放几年了，但由于张家泉村恶劣的自然条件，村里的人仍然很贫困，好多家庭还过着吃了上顿没下顿的日子。从当上村党支部书记那天起，朱彦夫就暗下决心，一定要想办法带领大家过上好日子。然而，想要实现这个愿望谈何容易。上任伊始，朱彦夫戴着假肢、拄着双拐走家串户，到乡亲家里了解情况。一圈走下来，朱彦夫心里有了底，他决定改善家乡的贫困面貌要先从解决缺水状况开始。“有女不嫁张家村，挑水跑到西山根。去时穿双绣花鞋，回来磨破脚后跟。”乡亲们连平时吃的水都要跑到很远的地方挑回来，更别说发展农业生产的用水了。冬春农闲时，朱彦夫带着100多口人打井找水。数九寒天，朱彦夫挥动着残臂和一群壮劳力奋战在打井一线。井越打越深，朱彦夫他们干得热火朝天，完全忘记了寒冷。皇天不负有心人，经过不懈努力，井底终于汩汩冒出甘洌、纯净的水，张家泉村的人再也不用到远处挑水吃了。人们赶紧把尚在井底的朱彦夫拉上来，看到朱彦夫，村民们吓坏了：井底冒出的冷水、身上淌出的汗水、残肢渗出的血水混在一起，将假肢牢牢冻在了朱彦夫身上。一位老人抱着朱彦夫大哭。朱彦夫费劲地咧开嘴笑了笑：“要是真冻在一起就好了，不用再费劲天天穿假肢了。”

一口井、两口井、三口井……汩汩涌出的井水滋润了乡亲们干涸已久的心田，昔日的张家庄变成了今天的张家泉。有了水，村里的好多问题迎刃而解。朱彦夫带着大家广开致富路。他用残臂、用假肢支撑着大干苦干，开山劈岭，治山改水，打机井；他躺在地里，跪在沟里，育苗、拔草、浇水；他带领村民，历尽艰难，把光秃秃的荒山变成了绿山果园；他向瘠薄的土地要出了高产；修道路、搞副业，全村用上了电……在朱彦夫的带领下，勤劳的张家泉村民将家乡建设得秀美而富饶。

富裕起来的村民还在唱着“三慌慌”，只是歌词有了很大的不同：“春天花草美得慌，夏天瓜果甜得慌，秋冬腰包鼓得慌。”张家泉村原先光秃秃的山头，都已改造成“山顶松柏戴帽、山间果树环绕”的“花果山”，村民年人均纯收入超过1.3万元，成为远近闻名的富裕村。朱彦夫在村支部书记岗位上，经过25个春秋，终于把一个穷山村变成了全乡的先进村，使村民走上了致富的道路。2015年10月12日，朱彦夫荣获2015中国消除贫困奖感动奖。2019年9月17日，国家主席习近平签署主席令，授予朱彦夫“人民楷模”国家荣誉称号。2022年3月3日，朱彦夫被评为“感动中国2021年度人物”。

（四）共产党人肩负担当领率的责任

新时代赋予了我们全面建设社会主义现代化国家、实现中华民族伟大复兴的历史重任。发展事业需要领率、脱贫致富需要领率、碰硬涉险需要领率、战胜危难需要领率，作为历史重任的组织者、实践者和推动者，各级党员领导干部要担当起领率的责任，以披肝沥胆的担当，带头上刀山、率先闯火海，始终做时代的头雁。

走在前列、带领大家前进的人，我们称为先锋、头领、统帅。他是一直走在队伍最前面的人，无论前面是刀山还是火海，只要认准了方向，就要克服艰难险阻向前冲。在陷入迷途时需要他拨开迷雾、辨明前进的方向；在突如其来的危险面前需要他沉着冷静并妥善处理；在思想混乱时需要他统一大家的思想、形成合力……总而言之，需要他带领大家沿着正确的方向坚持走下去。

苏联作家高尔基的小说《伊则吉尔老婆子》中，讲了一个故事，流传至今。古时候，有一族人被不知从什么地方来的另一族人赶进森林深处，要想活命，必须走出森林。男女老少人心惶惶、七嘴八舌，时间一分一秒地过去了，眼看着天就要黑了，一群人还在原地打转。这时，一个叫丹柯的小伙子站了出来，举着胳膊、大喊着让大家跟他走。嘈杂的人群一下子安静下来，大家跟在丹柯身后向森林尽头走去。黑夜中，人群迷失了方向，绝望笼罩着大家。始终走在前面的丹柯问自己：我该怎么办？忽然，他用手扒开了自己的胸膛，掏出自己的心，火红的心脏犹如火炬一样燃烧起来。这颗高举的心，给族人照亮了前进的道路，也给大家带来了生的希望。

丹柯的英雄形象给我们留下了深刻印象。在群龙无首之际，丹柯挺身而出，用一己之力带领大家走出迷途。更可贵的是，为了完成使命，丹柯甘愿献出自己宝贵的生命。这是这则故事的动人之处，打动人心的是丹柯身上闪耀的精神。这种精神就是担当。

“人无头不行，鸟无头不飞。”社会的每一个进步，都需要走在前列的人引领。人们从甲骨文里发现了“率”字，像一张丝网。学者经过分析研究指出，“率”字的本义是捕鸟的丝网。《说文解字》记载：“率，捕鸟毕也。”所谓“率”，其意就是固定丝网的竿柄，是人们举起丝网时手里拿着的那根竿子。正因为如此本义，“率”字后来衍生出榜样、模范、带领等意。

担当领率是对每一名党员领导干部的要求。无论在党内的地位高低、官职大小，对于“关键少数”的领导干部而言，担当起该担当的责任是职责，是义务，是人民的公仆的应有之义。2018年5月，中央办公厅出台的《关于进一步激励广大干部新时代新担当新作为的意见》明确要求：“各级领导干部要切实发挥示范表率作用，带头履职尽责，带头担当作为，带头承担责任，一级带着一级干，一级做给一级看，以担当带动担当，以作为促进作为。”2023年在全党开展的学习贯彻习近平新时代中国特色社会主义思想主题教育，也将“实干担当促进发展”作为预期效果之一。领导干部就像雁阵中的头雁。“三春雁北飞”，雁群万里跋涉的大迁徙离不开头雁的带领。头雁勤，群雁就能“春风一夜到衡阳”。战争年代，每到冲锋陷阵的关键时刻，我们党的军队指挥员总是冲在前面喊："同志们，跟我上！"这个时候，指战员就是头雁。和平年代，每逢急难险重的任务压肩，领导干部总是第一个站出来："同志们，跟我上！"这个时候，领导干部就是头雁。在重大历史关头，站出来担当领率则会改变大局。邓小平同志以巨大的政治担当，拨乱反正、推动改革开放事业，担当起引领中国人民建设中国特色社会主义的时代使命，改变了中国人民的命运。

常言道，作风好不好，关键看领导。领导干部担当领率、以身作则，还能产生巨大的示范效应，影响一大批人。作风养成历来是上行下效。一个遇事不躲不推不避不绕，积极想办法的领导，带出来的队伍也必定是一支敢于担当、能打胜仗的"铁军"。

担当领率不只是对领导的要求，每一名共产党员都要做好这样的心理准备。平时，在自己的岗位上尽职尽责，一旦到了党和人民的事业需要的危急时刻，责无旁贷、挺身而出，不计较官位和名分，不讲究利益和得失，一切以是否有利于大局为做人做事的基准。战斗英雄董存瑞就是这样的好党员。他被人们铭记的是炸碉堡的英雄壮举，董存瑞也因此在2009年新中国成立60周年时被评为"100位为新中国成立作出突出贡献的英雄模范人物"之一。其实，在他19年的短暂的生命历程中，还有许多值得回味和学习的闪光时刻，长安岭阻击战中董存瑞的表现就是其一。长安岭位于河北省怀来县，因地势险要自古就是边防要塞。1947年年初，董存瑞所在班参加了长安岭阻击战。这是一场恶战，因敌人占据有利地势，我军伤亡惨重，班长壮烈牺牲，副班长重伤无法指挥战斗，甚至连狙击手都阵亡了。这次阻击战眼看就要成为一项无法完成的任务。趴在战壕里的董存瑞看了看身边打红了眼的战友，突然大喊一声："同志们，现在我暂时代替班长，大家听我指挥、继续战斗！"危急时刻，董存瑞自任班长，在他的指挥下，我军迅速恢复了有效的攻势，最终完成了阻击任务。董存瑞在关键时刻敢于担当，为这场战役的胜利立下了汗马功劳。

在今天我们的生活中，虽然少有战场上那种紧急情况需要有人站出来担当领率，但在急难险重的关键时刻，需要领头人站在前列挑重担的情况很多。

山东寿光是我国北方最大的"菜园子"。寿光凭借蔬菜声名远播海内外，凭借蔬菜打赢了脱贫攻坚战，老百姓的"钱袋子"鼓起来了，寿光也步入中国工业百强县（市）的行列。在寿光人心目中，白菜是他们发家致富的第一块敲门砖，是寿光人的精神图腾。为此，寿光人将一个两层楼高的白菜雕塑矗立在寿光蔬菜批发市场门口。寿光人把白菜雕塑立在大街上，为的是把一个领路人记在心里。他，就是王伯祥。他在寿光担任了五年半的县委书记，离任18年后，当地老百姓自发用三年时间为他写了一本40万字的传记。2009年的最后一天，王伯祥先进事迹报告团受到时任国家副主席习近平的会见。习近平给予王伯祥极高的评价，称他为“新时期县委书记的榜样”。

寿光农民有种菜传统，“一亩园十亩田”，人们把致富的希望寄托在种菜上。

1983年秋，辛劳一年的寿光农民迎来了期盼已久的大丰收。可是，这欢欣鼓舞劲儿还没持续多久，大家伙就开始犯愁。由于当时蔬菜交易靠的是统购统销，菜农多种了没有销路。丰收了的白菜卖不出去，眼瞅着2500万公斤白菜就要烂在地里。这可是农民们汗珠子摔八瓣的心血啊，怎么叫人不着急。于是，农民们纷纷用小推车拉着自家的白菜走街串巷地叫卖，能卖一斤算一斤。一天傍晚，时任县委副书记的王伯祥走出县委大院。深秋的夜晚，寒气渐浓，王伯祥把衣领竖起来并加快了回家的脚步。没走多远，王伯祥看到街口有一团黑乎乎的影子蜷缩在那里。走近一看，一个老大爷蹲在地上，身旁是一整车白菜。看到有人来，老大爷赶紧站了起来，手都冻得僵硬了，急切地问：“买白菜吗？便宜。”王伯祥心头一酸，赶紧说：“这车白菜我买了。”然后把钱塞到老大爷手里。白菜运到家里，王伯祥让家人把这车白菜堆在一个高高的“白菜山”旁边。原来，这样的情况已不是第一次发生，还没到冬储白菜的时候，王伯祥已经买了好几车白菜了。王伯祥善解人意的妻子知道丈夫的苦心，不忍心埋怨他。王伯祥望着“白菜山”心事重重地说：“挣工资的比种地的强啊，菜烂在咱家里比烂在农民手里，我心里好受些。”

1986年6月，王伯祥担任寿光县委书记。这年深秋，大丰收的白菜还是滞销。打开市场、解决销路问题需要长远谋算，王伯祥想出了一个现在看来有点荒唐的办法来解燃眉之急，他在会上宣布：全县189个副科级以上的单位主要领导，按人头分配把3000万公斤白菜卖完。一声令下，卖白菜成为当时寿光县城最大的事。王伯祥带头卖菜，党员干部差不多全跑出去卖菜，总算完成了任务。时隔多年再提起此事，王伯祥摆摆手笑着说："当时也是实在没有办法，总不能眼瞅着好好的菜烂到地里，我挨几句骂也没有关系。"

这件事情更坚定了王伯祥的信心，一定要结束农民的"种菜悲剧"，让老百姓的付出有回报、过上富裕的日子。通过分析，王伯祥得出结论：不是老百姓的菜种多了，种得还不够多，问题在于流通的渠道没有建立起来。解决滞销的问题要靠市场，靠个人的力量卖菜能卖出去几车！于是，他想干的头一件事就是建一个以市场为导向的蔬菜批发市场，把蔬菜产业化作为寿光打翻身仗的第一步。"摸着石头过河"的王伯祥还设计了5条销售蔬菜的通道，以便打开更大的市场。当时，社会上"姓资姓社"的讨论还很激烈，开办市场是一件冒很大风险的事情。王伯祥的做法引起了一些人的担忧，有领导找到王伯祥："地里都种了菜，以粮为纲不要抓了吗？"也有好心人劝王伯祥收收手，别为了大家的事犯错误。王伯祥权当没听见照干不误。"看准了的事儿，对老百姓有好处的事儿，不干则已，干就干好！”这句话是王伯祥的口头禅，也是支撑他坚持干下去的信念。王伯祥的做法在当时确实冒着很大的政治风险，但他说：“乌纱帽算什么！百姓最重要。如果真有什么责任，由我一人承担！凡事党员干部做开路先锋。搞蔬菜大棚，党员干部先上；挖虾池，党员干部先上；开盐田，还是党员干部先上。等摸索出路来，老百姓看到实实在在的益处，自然会紧跟上来。”在王伯祥的带领下，寿光的蔬菜种植规模扩大了，销路拓宽了。1989年，寿光的三元朱村一下子就冒出了17个万元户。这在当时犹如一声春雷，轰鸣在冰封雪飘的寿光大地上。

第二部分

党的领导干部要担当在先

有多大的担当才能干多大的事业，尽多大的责任才会有多大的成就。敢于担当是一种胆识、一种魄力，需要无私无畏的勇气，在急难险重面前带头勇挑重担。担当精神体现着共产党人的党性觉悟，体现着共产党人的胸襟和勇气，也决定着各级党员干部职责的履行、作用的发挥、贡献的大小，影响着我们党在人民群众心目中的形象。习近平总书记在担任中共中央政治局常委、中央书记处书记、中央党校校长时就曾指出："是否具有担当精神，是否能够忠诚履责、尽心尽责、勇于担责，是检验每一个领导干部身上是否真正体现了共产党人先进性和纯洁性的重要方面。"①

① 《认真落实胡锦涛同志重要讲话精神　扎实做好保持党的纯洁性各项工作》，《人民日报》2012年3月2日，第1版。

“使命呼唤担当，使命引领未来。”[①]担当起实现“两个一百年”奋斗目标的历史责任，是当今全体党员领导干部的使命所在。责任重于泰山，事业任重道远。共产党员究竟该如何担起这副重担？习近平指出：“党的干部必须坚持原则、认真负责，面对大是大非敢于亮剑，面对矛盾敢于迎难而上，面对危机敢于挺身而出，面对失误敢于承担责任，面对歪风邪气敢于坚决斗争。”[②]这五个“敢于面对”，为我们精准描画出敢于担当的党的领导干部应有的样子。

一、面对大是大非敢于亮剑

2017年7月31日上午，中纪委发布的一条违纪通报，引起了人们的广泛关注和议论。之所以如此，并不是因为这次处理的“大老虎”官位有多显赫或者涉案金额有多大，而是在这条不长的违纪通报中出现了一个字眼——“大是大非”。报告称：“日前，经中共中央批准，中共中央纪委对第十八届中央委员，国家安全生产监督管理总局原党组书记、局长杨焕宁严重违纪问题进

① 习近平：《决胜全面建成小康社会　夺取新时代中国特色社会主义伟大胜利——在中国共产党第十九次全国代表大会上的报告》，人民出版社2017年版，第17页。
② 《习近平谈治国理政》，外文出版社2014年版，第413页。

行了立案审查。”报告还指出：“杨焕宁同志身为中央委员，严重违反政治纪律和政治规矩，在大是大非问题上背离党性原则；违反廉洁纪律，利用职权谋取私利。”在中纪委发布的违纪通报中提到“大是大非问题”、称“在大是大非问题上背离党性原则”的这是第一次。

杨焕宁的落马给所有的党员领导干部在保持政治定力上敲响了警钟。

（一）共产党员的大是大非

所谓大是大非，顾名思义，就是原则性的是非问题。与普通的矛盾、纠纷不同，大是大非所面临的情况和问题，一定是非此即彼的，有明确的正误曲直，差之毫厘就会谬以千里，同时也一定是能产生深远影响的重量级的大问题。对于国家和政党而言，大是大非涉及这个国家和政党的基本方向、基本准则、基本利益和基本道路等根本性与方向性问题，是其制定一切政策和做出实践行动的根本考量。

不同的历史时期，不同的人、团体、政党、国家，面临的大是大非的具体内容会有所不同，能明辨是非并且做出正确选择，是所有人亘古追求的真理。否则，无论拥有怎样的优势，都终会被淘汰出局、被扔进历史的垃圾堆、为后人所耻笑。

日本侵华战争就是一个典型的例子。七七事变爆发前一年，日本全年的铁产量为309万吨，钢产量为640万吨，而中国全年的铁产量还不足10万吨，钢产量跟日本相比更是少得可怜，仅有1000吨。在军事实力方面，中日也相差悬殊：当年日军舰艇总排水量达到190万吨，我国为5.9万余吨；日军拥有2700余架飞机，而我国军队仅有300余架飞机。当年抗击侵华日军的战士真的是在拿血肉之躯去对抗钢铁洪流。然而历史告诉我们，拥有强大的实力，但是选错了前进的方向，只会错得更多。日本在发动全面侵华战争8年后，最终以日本投降、日本天皇向全世界告罪收场。

那么，什么是今天的党员领导干部必须明辨的大是大非问题？

2016年10月，党的十八届六中全会在北京召开。全会从全面从严治党面临的形势和任务出发，再次强调办好中国的事情，关键在党，关键在党要管党、从严治党；党要管党必须从党内政治生活管起，从严治党必须从党内政治生活严起。为更好地进行具有许多新的历史特点的伟大斗争、推进党的建设新的伟大工程、推进中国特色社会主义伟大事业，经受“四大考验”、克服“四种危险”，有必要制定一部新形势下党内政治生活的准则。在此背景下，《关于新形势下党内政治生活的若干准则》（以下简称《准则》）正式出台。《准则》涉及坚定理想信念、坚持党的基本路线、坚决维护党中央权威、严明党的政治纪律、坚持全心全意为人民服务的宗旨等主要内容，这些问题都是关系党的命运和前途的重大问题，都是每一名共产党员必须明辨的大是大非问题。概括而言，当代中国的大是大非问题就是在中国共产党的领导下，坚持和发展中国特色社会主义。符合中国特色社会主义这一方向、有利于坚持和发展中国特色社会主义，就是“是”；反之就是“非”。旗帜决定方向，道路决定命运，路线决定成败。旗帜、道路、路线问题是关系党和人民事业兴衰成败的根本性问题。在我们要举什么旗、走什么路、坚持什么路线的问题上，历史和实践已经给出了答案，那就是高举中国特色社会主义伟大旗帜，坚定不移走中国特色社会主义道路，全面贯彻执行党的基本路线。

面对大是大非问题，共产党员该怎么办？

对此，我们党有明确要求。《准则》指出：“党员、干部特别是高级干部在大是大非面前不能态度暧昧，不能动摇基本政治立场，不能被错误言论所左右。当人民利益受到损害、党和国家形象受到破坏、党的执政地位受到威胁时，要挺身而出、亮明态度，主动坚决开展斗争。对在大是大非问题上没有立场、没有态度、无动于衷、置身事外，在错误言行面前不抵制、不斗争，明哲保身、当老好人等政治不合格的坚决不用，已在领导岗位的要坚决调整，情节严重的要严肃处理。”不能态度暧昧、不能动摇基本政治立场、不能被错误言论所左右，这“三个不能”是我们党为每一名共产党员划出的党内政治生活必须坚守的底线，也是党员干部在大是大非面前不能触碰的高压线。

不能态度暧昧，就是在大是大非问题前必须旗帜鲜明，理直气壮地支持该支持的、毫不含糊地反对该反对的，不能当“好好先生”、“开明绅士”和“太平诸侯”，不能含含糊糊“和稀泥”，更不允许走“中间路线”各打五十大板。

不能动摇基本政治立场，就是要坚持马克思主义的世界观和方法论，坚持全心全意为人民服务的根本宗旨，站稳群众立场，始终代表中国最广大人民群众的根本利益，始终站在有利于广大人民群众的政治立场上。政治立场是由人们的经济基础和社会地位决定的。不同政治立场的人们，对同一事物的感受评价也是不同的。马克思主义唯物史观强调群众立场。从根本上讲，群众立场是共产党人必须具备的政治立场。

不能被错误言论所左右，就是要增强政治敏锐性和政治鉴别力，善于从政治上判断形势、分析问题，在政治问题上保持头脑清醒，用科学知识把自己武装起来，练就“火眼金睛”。

之所以提出这“三个不能”，在一定程度上是因为一部分共产党员在大是大非面前不能亮出鲜明的态度、没有站稳政治立场、被错误言论蒙蔽了头脑。在日常生活中，一些党员干部在党不言党、在党不忧党、在党不为党已经不是什么新鲜事了。更有甚者，在大是大非面前无原则，当“旁观者”、像“局外人”参与调侃和嘲讽；搞上有政策、下有对策，顶风作案，有令不行、有禁不止；搞团团伙伙、拉帮结派、利益输送；表里不一、阳奉阴违，为一己之私、小团体之利，把党的事业、人民利益抛在一边；明目张胆、恣意妄为给党抹黑、给党丢脸。从周永康、薄熙来、徐才厚、郭伯雄、令计划、苏荣到孙政才，这些我们党曾经的高级领导干部，无不是丧失了共产党人应有的政治立场、严重破坏了党的政治纪律，在大是大非问题上栽了跟头。“党的领导干部特别是高级干部，在大是大非面前没有态度，出了政治性事件、遇到敏感性问题没有立场、无动于衷，岂非咄咄怪事！”①

习近平强调：“在大是大非问题上，要有正确立场和鲜明态度，敢于站出来说话，敢于表明自己的态度。”②当前，我们所面临的意识形态领域斗争异常严峻，来自国内外的各种错误思潮错综复杂地交织在一起，暗流涌动、此起彼伏。普世价值、公民社会、宪政民主、多党竞争……这些意在动摇无产阶级政权的社会思潮，因为披着“民主”和“自由”的外衣，极具迷惑性。加之否定英雄、瓦解偶像的一轮轮历史虚无主义的轮番上阵，颠倒黑白、混淆视听，对包括广大党员在内的国人的思想产生了巨大的冲击。如果听之任之、放任不管，势必对我们党的执政地位产

① 《习近平论治国理政》，外文出版社2014年版，第414页。

② 习近平：《做焦裕禄式的县委书记》，中央文献出版社2015年版，第148页。

生影响和冲击，这绝不是危言耸听。这场“战争”虽然没有硝烟，但是格外残酷，所有党员必须站稳政治立场，旗帜鲜明地对这些屡禁不绝的杂音噪声予以有理有据有力的驳斥。

（二）旗帜鲜明站稳立场

在大是大非面前做到“三个不能”，除了要求党员领导干部具有明辨是非的能力，敢于亮剑的担当精神更是不可或缺。衡量一个领导干部有没有担当精神，很重要的一点就是看他在大是大非问题上有没有正确立场和鲜明态度。如果在重大原则问题上无动于衷、避退三舍，那就不配做共产党的领导干部。

纵观中国共产党100余年的辉煌历程，奔涌前进的航程上遍布着激流暗礁，我们党经历了无数生死攸关时刻的考验。在大是大非面前，稍有不慎，就会改写整个历史。正是因为我们党在一次次转折点做出了正确的选择，才有了今天带领中华民族实现伟大复兴的局面。而当我们透过历史的宏大关注到每一个转折点时，就会发现，每次抉择的做出都不是一帆风顺的，而是充满了杂音、博弈、争执和较量。这是很自然的事情，毕竟现实复杂、前途未知，每个人对同一件事情的理解会有自己的角度。所以，才需要广大党员领导干部在大是大非面前敢于担当、敢于亮剑，坚持真理，不唯上、不唯书、只唯实。这个“实”就是是否有利于广大人民群众的利益、是否有利于党的事业的发展。

举世闻名的八一南昌起义“打响了武装反抗国民党反动派的第一枪，用血与火的语言，宣告了中国共产党人不畏强暴、坚持革命的坚强决心。它在全党和全国人民面前树立起一面革命武装斗争的旗帜，标志着中国共产党独立地领导革命战争、创建人民军队和武装夺取政权的开始，因而具有重大的历史意义”①。以同年蒋介石发动的四一二反革命政变为分界点，国共合作的良好局面被打破，随之开始了对革命队伍的清算，成千上万的共产党员、共青团员、革命群众倒在血泊中。据不完全统计，从1927年3月到1928年上半年，被杀害的共产党员和革命群众就达31万人之多。我们党的创始人之一李大钊同志也不幸被捕，为处决李大钊，奉系军阀还专门从国外进口了绞刑架。

党的活动被迫转入地下，在这种极为严峻的形势下，要不要继续革命？革命的道路该如何走下去？历史将这两道难题摆在了尚处幼年的中国共产党面前，如何作答，关乎我们党的前途和命运。

面对国民党反动派要将革命者斩尽杀绝的屠杀政策，中国共产党做出的选择，那就是武装抵抗。在综合考虑当下形势并结合南昌的地理位置、兵力情况等因素后，中央决定在南昌发动武装

① 中共中央党史研究室：《中国共产党历史》第一卷（上册），中共党史出版社2010年版，第215页。

起义。1927年7月27日，周恩来同志到达南昌，落脚在朱德同志在南昌租住的花园角2号，在这里紧锣密鼓地谋划着南昌起义的各个细节以确保万无一失。

就在大家同仇敌忾、铆足了劲儿要与国民党反动派真刀真枪地较量一番时，关键时刻情况突变。7月29日这天，张国焘给由周恩来、李立三、恽代英、彭湃组成的中共前敌委员会接连发来了两封加急电报，大意是发动起义是件大事需要慎重，一定要等他到南昌后再做决议。这时起义一切准备就绪，如箭在弦上。因此，前敌委员会在接到电报之后，果断地决定："暴动决不能停止，仍按原计划继续进行。"电报发出的同时，张国焘踏上了赶往南昌的火车。次日，在前敌委员会的焦急等待中张国焘到达南昌，双方均顾不上寒暄，立刻召开紧急会议，一场关于是否要武装起义的斗争打响了。

7月的南昌，潮湿、闷热，让人喘不过气，一如会场的气氛。张国焘和周恩来、李立三均为中央临时政治局常委会五常委成员，但张国焘排名第一，主持工作，周恩来等人均在他之下。会上，张国焘首先发言，不同意发动武装起义。张国焘之所以会做出这样的决定基于两点：一是张国焘对张发奎仍然抱有幻想，二是共产国际对发动武装起义持中立态度。张发奎何许人也？戎马一生的张发奎曾任中华民国陆军总司令，是国民党中赫赫有名的能打善战的将领。在北伐战争中，张发奎率部打得北洋军阀闻风丧胆，因战功卓著，张发奎升任当时被誉为“铁军”的国民革命军第四军军长。叶挺为其部下，任“铁军”独立团团长。然而，在第一次国共合作失败后，张发奎一度处于摇摆和犹豫之中，内心的天平已经向汪精卫倾斜。共产党在多次劝说无果的情况下，于1927年7月20日的九江谈话会后，决定不再对张发奎抱有任何幻想。即便中央对此问题已有决定，张国焘依然对张发奎心存幻想，希望能依靠张发奎返回广东。另外，共产国际对此事的态度不甚积极，也对张国焘产生了巨大影响。南昌起义前夕，共产国际驻华代表罗明纳兹曾多次就此问题与张国焘等人交流过想法。张国焘在《我的回忆》一书中对此有过描述，共产国际总体倾向于争取张发奎的部队。

正因为如此，张国焘才决定亲自奔赴南昌，他的意图很明确，就是阻止南昌起义的发动。在党内的重要地位、共产国际意见的加持，张国焘的话给了在座的各位巨大的压力。周恩来分析了张发奎不能依靠的原因，列举了在南昌发动起义的天时、地利、人和等因素，仍无法改变张国焘的想法。李立三、谭平山、恽代英、聂荣臻，大家七嘴八舌，纷纷表示时机已经成熟，主张立即发动起义。会议开了几个小时，依然没能达成共识。7月31日清晨，距离原定的起义时间只有十几个小时了，关于是否发动起义的争论还在继续。时间在一点一滴流逝，而此时，闻风而动的敌人正在往南昌聚集，形势越来越危险。如果不马上做出决定，不光起义计划会流产，还会有很多同志为此付出生命。一向儒雅的周恩来突然拍案而起，生气地说："不许你阻挠起义！我们的同志流的血还少吗？延误起义就是犯罪，就是葬送党和同志们的生命！"或许是被周恩来的强硬态度吓住了，张国焘最终同意按原计划举行起义。事后周恩来对别人说，这是他第一次拍桌子。

8月1日凌晨，南昌城头打响了武装反抗国民党反动派的第一枪。暴动枪声一打响，起义官兵如下山猛虎，向敌人发起猛烈攻击。经过4个多小时激战，起义军歼敌1万余人，占领南昌城。习近平对此有高度评价："南昌起义连同秋收起义、广州起义以及其他许多地区的武装起义，标志着中国共产党独立领导革命战争、创建人民军队的开端，开启了中国革命新纪元。"[①]

（三）不唯上、不唯书、只唯实

在大是大非面前敢于亮剑、敢于旗帜鲜明地站稳立场，还有一个特别需要注意的问题，就是这个立场和观点是否符合客观实际，是不是能够做到实事求是、一切从实际出发，不唯上、不唯书、只唯实。

现实生活中，我们经常能看到这样一种情况，有些党员领导

① 习近平：《在庆祝中国人民解放军建军90周年大会上的讲话》，《人民日报》2017年8月2日，第2版。

干部在公开场合似乎也很敢于发表见解和意见，常常是口若悬河、大道理一套一套的。但只要仔细分析，不难发现，他们没有自己的观点或者是不敢表明自己的真实态度，而是唯领导马首是瞻，领导说东他们就闭着眼睛绝不说西；或者生搬硬套书上的知识，全然不顾书上说的与眼前的现实离得有多远。针对这种现象，老一辈无产阶级革命家陈云有一句名言，那就是“不唯上、不唯书、只唯实”。延安时期，陈云在研读了大量马克思主义著作后，结合革命斗争的经验与教训，提出领导干部在开展工作时应坚持“不唯上、不唯书、只唯实”的科学态度，并把它作为行为准则。

在长征途中、在我们党生死攸关的关键时刻召开的遵义会议，彰显了共产党员敢于旗帜鲜明地站稳立场的担当精神，同样也彰显了领导干部不盲目崇拜和信奉上级指示和书本知识，一切从中国实际出发的实事求是的态度。正因为如此，遵义会议才发挥了力挽狂澜的巨大历史作用，改写了中国革命的进程。

1934年10月，第五次反“围剿”失败，中央红军被迫开始了载入人类史册的二万五千里长征。中央红军在经历了600余次战役战斗、穿行11个省、攀越40余座高山险峰后，到达陕北。在红军越过岷山、长征即将结束之际，毛泽东回顾长征一年来所战胜的无数艰难险阻，以极其轻松的笔调写下了一首气壮山河的伟大诗篇——《七律·长征》：

红军不怕远征难，万水千山只等闲。
五岭逶迤腾细浪，乌蒙磅礴走泥丸。
金沙水拍云崖暖，大渡桥横铁索寒。
更喜岷山千里雪，三军过后尽开颜。

从这首诗，我们可以看到红军战胜一切的战斗豪情和革命气概。然而，长征之初的红军，并不是这样。第五次反“围剿”的失利，在一定程度上动摇了军心。从瑞金撤退时，在李德的指挥下部队没有轻装上阵而是带着各种“坛坛罐罐”，“仅挑子就有三千多副”。[①]在敌人的围追堵截下还要负重前行，部队伤亡惨重。最后实在没办法，才把那些电台、印刷机甚至小山炮扔下了山沟。即便如此，撤退时八九万人待打完湘江战役后仅剩3万余人了。“许多干部就对中央主要领导人在军事指挥上的错误逐渐产生怀疑和不满，一些军团指导员多次在作战的电报、报告中提出批评意见，有的同志甚至同李德发生激烈的争论。毛泽东等也多次提出自己的正确主张，但都没有被接受。随着长征中红军作战的不断失利，这种不满情绪日益增长，到湘江战役之后达到顶点。在干部特别是高级干部中，酝酿着要求纠正错误、改变领导的意见。许多人深感焦虑，认为不解决这个关键问题，党和红军

① 伍修权：《伍修权回忆录》，中国青年出版社2009年版，第82页。

就难以摆脱极为被动的困境。”[1]当时的党特别需要召开一次总结经验、纠正错误的会议。

1935年1月7日，中央红军从乌江南岸以仅有的一艘船强渡乌江天险，击溃驻守北岸的国民党部队，成功地渡过乌江，占领贵州省北部重镇遵义。此次胜利，为红军争取到难得的休整机会。在这样的背景下，在党史上占有重要地位的遵义会议召开了。

1935年1月15—17日，中共中央政治局在遵义召开扩大会议。会址在一位国民党师长的小洋楼里，会议室的正中摆着一张长条会议桌，墙上挂着马克思像。由于天气寒冷，房里还有一个大火盆。出席和列席会议的人员共有20人，包括政治局委员毛泽东、张闻天、周恩来、朱德、陈云、博古，候补委员王稼祥、刘少奇、邓发、何克全（凯丰），红军总部和各军团负责人刘伯承、李富春、林彪、聂荣臻、彭德怀、杨尚昆、李卓然以及中央秘书长邓小平。李德和他的翻译伍修权列席会议。博古在会议桌正中央的位置就座，其他参会的同志随意落座，只有李德独自坐在靠门的凳子上，仿佛做好准备接受审判。由于白天还要处理各种事务，会议都是在晚上召开，一连开了3天。在这3天时间里，大家对于第五次反“围剿”失败原因和军事路线问题进行了激烈的争论，扭转了错误做法，在危急关头挽救了党、挽救了革命，

[1] 中共中央党史研究室：《中国共产党历史》第一卷（上册），中共党史出版社2010年版，第351页。

中国革命迎来了历史新篇章。

据伍修权回忆："王稼祥、张闻天同志就通知博古同志，是他在会议上作关于第五次反'围剿'的总结报告，通知周恩来同志准备一个关于军事问题的副报告。"[①]秦邦宪（博古）在党的六届五中全会上，被推选为党中央的总负责人。因此，会议指定他做关于第五次反"围剿"的总结报告。博古在正式做报告之前，先明确了召开遵义会议的目的："进军湘南以来，大家意见很多，一路争论，各持已见。统一起来，争论的中心有二：一为对五次反'围剿'战争的认识，二为对突围西征以来的军事指挥的看法。现在，趁此机会，利用几天时间，大家好好讨论讨论。认真总结过去，以利下步行动，这是本次会议宗旨。"[②]在接下来的报告中，博古把第五次反"围剿"的失败归因于敌人的强大、白区与各苏区的配合不够，对于自身的错误，只承认存在个别缺陷，而不承认存在路线错误和军事领导错误。"博古做报告的时候，毛泽东从上衣下边的大口袋里掏出一摞折叠成一本的毛边纸，形同一个老百姓家记流水账的账本，放在桌上，然后又从上边的小口袋里取出一支用去一半的白杆子的铅笔，听到他认为有歧义的地方，便用铅笔在毛边纸上写着，一会儿工夫，竟然写

① 中共中央党史资料征集委员会、中共中央档案馆：《遵义会议文献》，人民出版社1985年版，第114页。

② 孟庆春：《毛泽东的辉煌人生和未了心愿》，当代中国出版社2011年版，第93页。

了好几页。”①

党的最高领导人对第五次反“围剿”做出了这样的总结，后面发言的人是附和博古的意见还是坚持己见？如何表态，考验着在座每一位的担当意识。轮到周恩来做副报告时，大家都很期待。周恩来同志在报告中从客观实际出发、旗帜鲜明地表明了自己的观点，认为第五次反“围剿”失败的主要原因是军事领导的战略战术的错误，在进行自我批评的基础上对博古和李德也进行了批评。

周恩来的报告对博古的报告进行了否定，两份报告观点截然不同。周恩来做完报告，会场一阵沉默。接下来是张闻天发言，做了反对“左”倾军事错误的报告，系统地批评了博古和李德所犯的军事指挥错误，更加旗帜鲜明地对错误的军事路线进行批判。这时候，毛泽东发言，他一说就是一个多小时。他不仅客观地分析了博古和李德在军事指挥上的错误，还结合当前形势提出了今后应该采取的作战方针。王稼祥、周恩来、朱德、刘少奇等同志相继发言，对博古的报告提出了不同意见。会议进行得异常激烈，大家本着对革命、对党负责的态度，知无不言言无不尽。想起那么多战士为之付出了宝贵的生命，连历来沉稳谦逊的朱德也按捺不住心中的怒火，厉声说道：“如果继续这样的领导，我

① 孟庆春：《毛泽东的辉煌人生和未了心愿》，当代中国出版社2011年版，第94页。

们就不能再跟着走下去！”①

这是一次拨开中国革命迷雾的会议，集中解决了当时具有决定意义的军事问题和组织问题，结束了“左”倾教条主义在党内的统治地位。后来，由张闻天集中了会议中多数人的意见，起草了《中共中央关于反对敌人五次“围剿”的总结的决议》。决议指出了博古、李德所犯的军事指挥错误。遵义会议改组了中央领导机构，取消了博古领导全党工作和李德指挥军事的权力，确立实际以毛泽东为代表的马克思主义的正确路线在中共中央的领导地位。艰苦卓绝的二万五千里长征以红军三大主力在陕北会师而宣告结束。朱德同志满怀激情地赋诗：“群龙得首自腾翔，路线精通走一行。左右偏差能纠正，天空无限任飞扬。”

二、面对矛盾敢于迎难而上

尖锐矛盾面前，最能考验领导干部的担当精神。敢于担当，就是遇到矛盾不怕事，碰到问题不回避，敢于直面矛盾去解决问题。唯其艰难，才更显勇毅；唯其笃行，才弥足珍贵。

① 伍修权：《伍修权回忆录》，中国青年出版社2009年版，第88页。

（一）为实现人民的美好愿望而奋斗

矛盾思想是马克思主义的核心内容，主要包括矛盾的对立统一、矛盾的普遍性和客观性、主要矛盾和次要矛盾等。马克思主义者认为，任何事物都有矛盾，世界是由矛盾组成的。恩格斯说："运动本身就是矛盾。"列宁说："承认（发现）自然界的（也包括精神的和社会的）一切现象和过程具有矛盾着的、相互排斥的、对立的倾向。"[①]马克思主义在中国的传播和发展过程，亦是其基本原理不断同中国实际相结合而实现中国化的过程。矛盾思想的中国化是马克思主义中国化的重要内容。从毛泽东、邓小平到江泽民、胡锦涛和习近平，我们党历代领导人，在中国革命、建设和改革的具体实践中，坚持矛盾辩证法，不回避矛盾，客观分析矛盾，创造性地提出和实践了解决中国问题的"中国方案"。1937年，毛泽东写于延安的《矛盾论》更是其马克思主义矛盾观的集中体现，这是马克思主义中国化的一部经典之作，为纠正当时党内存在的教条主义思想起到了重要作用。毛泽东通过2万余字，总结革命的经验，用鲜活的事实阐释了深奥的哲学问题，系统剖析了矛盾的普遍性、矛盾的特殊性、主要矛盾和次要矛盾等。

① 列宁：《谈谈辩证法问题》，《列宁选集》第二卷（下），人民出版社1972年版，第712页。

从1921年中国共产党成立到1949年中华人民共和国成立的28年间，中国共产党面对的最大矛盾就是推翻压在人民身上的三座大山，使中国人民翻身解放、中华民族屹立在世界的东方。进入社会主义建设时期，我们党坚持用马克思主义矛盾观分析社会存在的问题，并从众多矛盾中厘清主要矛盾和次要矛盾。因为事物的主要矛盾决定事物的性质和特征，社会主要矛盾决定历史发展阶段的性质和特征，我国社会主要矛盾决定了党和国家的工作大局。党和国家的工作大局，就是每一名党员领导干部关注的焦点和工作的中心。正如毛泽东在《矛盾论》中指出的那样："任何过程如果有多数矛盾存在的话，其中必定有一种是主要的，起着领导的、决定的作用，其他则处于次要和服从的地位。因此，研究任何过程，如果是存在着两个以上矛盾的复杂过程的话，就要用全力找出它的主要矛盾。捉住了这个主要矛盾，一切问题就迎刃而解了。"①

人类认识世界、改造世界的过程，就是一个发现问题、解决问题的过程。毛泽东指出，问题就是事物的矛盾，哪里有没有解决的矛盾，哪里就有问题。实践发展永无止境，矛盾运动永无止境；旧的问题解决了，又会产生新的问题。习近平指出："我们中国共产党人干革命、搞建设、抓改革，从来都是为了解决中

① 毛泽东：《矛盾论》（一九三七年八月），《毛泽东选集》（第一卷），人民出版社1991年版，第301页。

国的现实问题。”[1]以问题倒逼改革，问题在哪里，改革就应该指向哪里。问题导向体现着科学的世界观和方法论，也是党的优良传统和宝贵经验。以问题为导向，始终追着问题走或牵着问题走，确保改革的全程不会偏离实际和目标，更不会犯颠覆性错误。以问题为导向，还能够迅速找到改革的最佳途径，顺着主要矛盾，抓住矛盾的主要方面，事半功倍。所以，我们要善于发现问题，善于剖析问题，善于找到主要问题。

1956年9月，中国共产党第八次全国代表大会在北京召开，这是中华人民共和国成立后召开的第一次党的全国代表大会，距离七大的召开已有11年的时间。此时，中国的基本国情已经发生根本变化。新民主主义革命取得胜利，生产资料私有制的社会主义改造已基本完成。基于这种变化，八大指出，我国的主要矛盾是人民对于建立先进的工业国的要求同落后的农业国的现实之间的矛盾，是人民对于经济文化迅速发展的需要同当前经济文化不能满足人民需要的状况之间的矛盾。矛盾的实质就是先进的社会制度同落后的社会生产力之间的矛盾。这一判断虽不完全准确，但基本能反映当时我国社会的基本状况。

只是，到1962年，由于阶级矛盾之风越刮越盛，党的八届十中全会发展了自1957年反右派斗争以后提出的无产阶级同资产阶

① 习近平：《关于〈中共中央关于全面深化改革若干重大问题的决定〉的说明》，《人民日报》2013年11月16日，第1版。

级的矛盾依然是我国社会的主要矛盾的观点，强调“阶级斗争必须年年讲，月月讲，天天讲”。这一错误的判断对中国政治的走向产生了严重影响。

1978年12月，党的十一届三中全会胜利召开，果断停止了“以阶级斗争为纲”的错误路线。1981年，党的十一届六中全会通过了《关于建国以来党的若干历史问题的决议》，从我国当前实际出发，对社会主义初级阶段的主要矛盾进行了重新界定，认为当前我国所要解决的主要矛盾是“人民日益增长的物质文化需要同落后的社会生产之间的矛盾”。翌年召开的党的十二大将这一基本判断写入了党纲。之后的几次党的代表大会，虽有个别字句的调整，但始终坚持这一对尚处于社会主义初级阶段的中国社会基本矛盾的判断，直到2017年党的十九大召开。

党的十九大是在全面建成小康社会决胜阶段、中国特色社会主义进入新时代的关键时期召开的一次十分重要的大会，是在新的历史起点上开启党和国家事业新征程的一次历史性盛会。习近平总书记在会上做了题为《决胜全面建成小康社会　夺取新时代中国特色社会主义伟大胜利》的报告，报告有许多新提法、新判断，其中关于社会主要矛盾发生变化的判断，使人眼前一亮，引起了人们的强烈关注和热议。大会指出：“经过长期努力，中国特色社会主义进入了新时代，这是我国发展新的历史方位。”“中国特色社会主义进入新时代，我国社会主要矛盾已经转化为人民日益增长的美好生活需要和不平衡不充分的发展之间的矛盾。”[①]要知道，从1981年做出我国社会主要矛盾是“人民日益增长的物质文化需要同落后的社会生产之间的矛盾”这一判断，到2017年十九大召开，对于社会主要矛盾的表述已经有36年没有变化了。

社会主要矛盾的变化，是我们党坚持用辩证、发展的眼光分析和看待社会主要矛盾的结果，反映了我们党实事求是、一切从实际出发的优良传统。从1981年到2017年，改革开放的不断深化给中国社会带来了前所未有的改变，取得了举世瞩目的成就，中国跃升为世界第二大经济体。这些变化，不仅改变了社会的面貌、改变了人民的生活、改变了中国的世界地位，同时，也在使社会主义初级阶段的主要矛盾发生深刻转变。十九大提出的社会主要矛盾的转变，将对未来的发展产生极其深远的影响。

20世纪70年代末80年代初，我国在总设计师邓小平的带领下艰难地开启了改革开放之路。据统计，1978年，我国的国民生产总值为3624亿元人民币，虽然已建立起门类齐全的工业体系，但是人民的生活依然贫困。那时候，谁家结婚如果能凑齐“三大件”——手表、自行车、缝纫机，那真是要羡煞旁人。经过40多年的韬光养晦和艰苦奋斗，中国经济得到迅速发展，我国综合

① 习近平：《决胜全面建成小康社会　夺取新时代中国特色社会主义伟大胜利——在中国共产党第十九次全国代表大会上的报告》，人民出版社2017年版，第10—11页。

国力、人民生活水平发生了翻天覆地的变化。20世纪90年代，我国发展成为世界第七大经济体。2007年，中国超过德国成为世界第三大经济体，仅次于美国和日本。4年之后，2011年3月3日，日本内阁府公布数据：2010年，日本国内生产总值为54742亿美元，比中国国内生产总值少4044亿美元，中国超过日本正式成为第二大经济体。这一变化，引发世界惊叹，被称为里程碑式事件。因为，从1962年日本成为世界第二大经济体以来，已雄踞该位置40余年，并曾有一段时间被世人认为很快将赶超美国成为世界第一大经济体。2023年，我国国内生产总值为17.70万亿美元，位居第一位的美国的国内生产总值为26.94万亿美元，日本位居第四位，国内生产总值为4.23万亿美元。通过几年数据比较可知，中国与美国的差距在逐步缩小，日本与我们的差距在逐步增大。

尤其是党的十八大以来，党中央从经济发展长周期和全球政治经济大背景出发，综合分析我国经济发展的阶段性特征和诸多结构性变化，做出经济发展进入新常态的重大判断，妥善应对各类重大风险挑战，全面深化改革开放，加强和改善宏观调控，引领我国经济航船行稳致远，持续保持中高速增长、领跑世界主要经济体，结构调整和转型升级取得明显成效，创新驱动发展动力持续增强，社会生产力、经济实力、国际影响力显著提高。

把一个拥有14亿多人口规模的发展中大国带入现代化、实现民族复兴，这在人类发展史上还从来没有过。中国人的命运掌握在自己手里，中国人的美好生活要靠自己创造。当前，我们正站在新的历史起点上，既面临难得的发展机遇，也面临风险更大、难题更为集中的挑战。推进改革的复杂程度、敏感程度前所未有，实现中华民族伟大复兴的任务相当艰巨。这就要求各级领导干部更要有强烈的担当精神，做到勇于担当、能够担当，努力创造经得住实践、人民和历史检验的工作业绩。

（二）敢于碰硬、共克时艰

党的十八大召开不久，国家主席习近平在接受俄罗斯电视台《星期六新闻》节目主持人谢尔盖·布里廖夫专访时表示，中国改革“已进入深水区，可以说，容易的、皆大欢喜的改革已经完成了，好吃的肉都吃掉了，剩下的都是难啃的硬骨头……改革再难也要向前推进”。党的十九大已经清晰、准确地对社会主要矛盾的转化做出判断，需要每一名党员领导干部做的，就是如何充分发挥自己的聪明才智、为解决社会主要矛盾做出尽可能大的贡献。也就是说，“人民日益增长的美好生活需要和不平衡不充分的发展之间的矛盾”，是摆在党员领导干部面前、需要解决的最大矛盾，不能躲闪、无法回避。如果回避、躲闪这一主要矛盾，不迎难而上、不主动出击，实现中华民族伟大复兴的梦想就只能停留在梦想的阶段。

四平八稳、当“好好先生”是没办法啃硬骨头、渡险滩的，需要9900多万名共产党员敢于碰硬、共克时艰。解决社会主要矛盾，需要每一名共产党员从自身做起，从解决好工作、生活中遇到的大大小小的矛盾做起。遇到矛盾时，先问问自己，是不是有利于推动社会主要矛盾的解决，是不是有利于满足人民日益增长的美好生活的需要。如果是，那就要站在党和国家发展的全局，不计较个人的利益和得失，充分发挥政治智慧、工作勇气、开拓精神、决断能力，深刻把握事物发展的客观规律，准确判断制约工作、需要突破的主要矛盾和关键环节，及时做出正确决策，迎难而上、攻坚克难，开创新局面。面对矛盾，要勇于担责负责，“明知山有虎，偏向虎山行”，绝不在挑战面前“缴械”。担当就要敢于到困难大、矛盾多的地方去解决问题，到群众意见大、怨气多的地方去化解矛盾，到工作推不开、情况很复杂的地方去打开局面。实践无数次证明，党的事业是在克服了一个又一个困难、化解了大大小小的矛盾后不断走向光明的，党的优秀领导干部也是在艰苦卓绝的复杂环境下成长、成熟起来的。

1992年春天，春寒料峭、万物复苏，已经正式告别领导岗位的邓小平满怀对党和人民负责任的热情，先后到武昌、深圳、珠海和上海视察并发表了重要谈话。在深圳，看到昔日小渔村呈现的一派繁华景象，鳞次栉比的高楼、快节奏的工作状态，邓小平发自内心地感慨：“深圳的重要经验就是敢闯。没有一点闯的精神，没有一点‘冒’的精神，没有一股气呀、劲呀，就走不出一条好路，走不出一条新路，就干不出新的事业。”[①]随后，3月26日的《深圳特区报》以《东方风来满眼春》为题报道了邓小平在深圳视察的情况和南方谈话的重要内容。南方谈话之后，中国的改革开放迎来了历史性的“春天”。邓小平所说的“闯”和“冒”，“气”和“劲”，不仅仅是对产生深圳奇迹的原因的剖析，也是为党员领导干部指出了在矛盾面前应有的态度，话虽直白，字字珠玑。

邹碧华就是这样的干部，他用担当精神点燃生命之灯，直面积累多年的矛盾，啃硬骨头、涉险滩，主动向司法改革的顽瘴痼疾“亮剑”。正因为如此，当47岁的邹碧华因突发心脏病去世后，引起了一片惋惜。习近平这样评价邹碧华：“在司法改革中，敢啃硬骨头，甘当‘燃灯者’。”“广大党员干部特别是政法干部要以邹碧华同志为榜样，在全面深化改革、全面依法治国的征程中，坚定理想信念，坚守法治精神，忠诚敬业、锐意进取、勇于创新、乐于奉献，努力作出无愧于时代、无愧于人民、无愧于历史的业绩。”[②]

2014年2月，新一轮司法改革按下了启动键。中央全面深化

① 陈锡添：《东方风来满眼春——邓小平同志在深圳纪实》，《深圳特区报》1992年3月26日，第1版。

② 《坚定理念信念　坚守法治精神　努力作出无愧于时代无愧于人民无愧于历史的业绩》，《人民日报》2015年3月3日，第1版。

改革领导小组召开第二次会议，习近平总书记在会上指出，要深化司法体制改革，促进社会公平正义。习近平总书记强调：“全面推进科学立法、严格执法、公正司法、全民守法，坚持依法治国、依法执政、依法行政共同推进，坚持法治国家、法治政府、法治社会一体建设，不断开创依法治国新局面。”8个月后召开的党的十八届四中全会，在党史上具有极其特殊的意义。这是我们党首次以全面推进依法治国为主题的中央全会，会议做出了我们党历史上第一个关于加强法治建设的专门决定——《中共中央关于全面推进依法治国若干重大问题的决定》。用如此高规格的会议专题研究依法治国问题，中央全面推进依法治国的决心可见一斑。

由于试错成本极高，中央对推进司法改革慎之又慎。2014年6月，上海被中央确定为全国首批司法体制改革试点地区之一，上海高院担负起为全国司法体制改革破冰探路的重任。此时，邹碧华的身份是上海市高级人民法院副院长。身为北京大学法律系毕业的高才生又长年致力司法体制研究和改革，推进司法改革的重担自然落在了邹碧华的肩头。

从事法律事业的人都知道，经过几轮司法改革，如今深化改革碰到的大多是“硬骨头”，法官检察官员额制、审判权力运行机制改革、涉法涉诉信访改革，任何一项改革的推进都需要极大的勇气和智慧。听说邹碧华担纲如此重任，家人和朋友暗暗为他担心，邹碧华也十分清楚，自己和团队并不是在一张白纸上描绘中国法治的未来，而是要打破多年来形成的错综复杂的利益格局，每向前走一小步都要面临重重矛盾，会触碰既得利益，需妥善化解纠纷。但邹碧华更加清楚，既然是改革，就不会是隔靴搔痒，一定要解决矛盾，必然会触碰利益。也唯有这样，才是真正的改革。正如最高人民法院院长周强所说，司法改革已进入深水区，我们要敢于打破各种利益藩篱，勇于向自身开刀，动自己的奶酪，敢啃硬骨头，敢当燃灯者。

上海司法改革的一大亮点是员额制。所谓“员额制”，通俗地讲，就是法院只保留33%的精英法官，剩下67%的现任法官都必须离开原有岗位。“太残忍了！”实行“员额制”改革刚刚透出点风声，法院系统就炸了锅。有好事者预言，这种改革就是“动别人的奶酪”“抢别人的饭碗”，一定会因为遇到的阻力太大而半途而废。

以什么标准筛选？怎么才能让67%的法官走得心服口服、皆大欢喜？怎么才能确保改革成功？改革小组最初设计了两套方案：第一套方案相对容易，把名额优先给审判员、老法官，息事宁人，矛盾也少；另一套方案则难度很大，通过遴选择优入额，这势必让一部分在法院工作了若干年甚至几十年的法官离开审判台。为了不激化矛盾、平稳推进改革，一部分人主张采用第一套方案。

大学毕业即走上法官岗位的邹碧华，对法院的情况了如指掌。经过大量调研和数据测算、分析，邹碧华更加坚定了自己的判断：助理审判员虽多是刚入职不久的年轻人，但在实际工作中承担的工作量却很大；而有些所谓的资深审判员早已长年不在办案岗位。如果不能保证入额的法官都是真正贡献在一线的办案骨干，这样的改革还有什么意义？于是，无论是在会上还是私下交谈，只要有机会，邹碧华就旗帜鲜明地阐述、强调自己的观点：表面上看第一套方案“易操作、阻力小、见效快”，其实是一条后患无穷的“歧路”。不能图省事、求便利，按资历、行政级别“一刀切”的做法带来的不良后果更是比比皆是，一定要有一个科学的考核标准，让真正有能力、有水平、能胜任审判工作的优秀法官进入员额。

打破“论资排辈”，必须敢于“碰硬”。在几次讨论员额制方案时，如何取舍，大家都很纠结，意见尖锐。当时邹碧华语气强烈，几乎拍案而起。邹碧华不止一次地说：“改革怎么可能不触及利益，怎么可能没有争议。对上，该争取时要争取；对下，该担当时必担当。”最后的方案，采纳了邹碧华的意见。

上海法院司法改革方案，历经15次座谈会34稿淬炼，终于付诸实践。目前，上海试点法院首批人员分类定岗情况为：超过10%的审判员没有出现在入额名单中，而一批年轻的优秀助审员经遴选入额。

2014年12月，员额制改革已半年有余，在邹碧华的带领下步入正轨，然而，邹碧华却走到了生命的尽头。12月10日，原本只是邹碧华繁忙工作中的普通一天，当天上午他还向来沪学习交流司法改革工作的某省政法委领导介绍了上海司法改革进展情况。会议结束后，邹碧华来不及休息，匆匆赶往徐汇区法院参加另一个会议。在去往徐汇区法院的路上，他突然感到心脏不适，被送往医院后再也没能抢救过来。

邹碧华用自己的生命担当起司法改革的重任。他曾这样写道："我越来越清晰地认识到，我必须对党的事业负责，党把管理一个法院的任务交给我，我就不再只是我自己了。我的角色要求我必须把推动我国法治事业的进步作为自己的使命。只有实实在在把这种使命感融入自己的内心，才有可能转化为一种强大的动力。因此，在这种状态下，无论遇到什么样的困难我也不会屈服，无论处于何种逆境我也不会退缩。"这种使命，源于担当!

令邹碧华欣慰的是，他生前主张的择优入额的员额制改革，得到党中央和广大人民的认可。与此同时，完善司法人员分类管理制度、完善司法责任制、健全司法人员职业保障制度、推动省以下地方法院检察院人财物统一管理……一项项改革举措在全国扎实推进，公正高效权威的社会主义司法制度的"四梁八柱"立了起来。

当前，我们前所未有地接近中华民族伟大复兴中国梦的目标的实现。同时，我们也要清醒地意识到，前进路上还有许多矛盾和问题需要解决，发展不平衡，产业结构不合理，关系老百姓切身利益的诸如住房、医疗、教育等矛盾依旧尖锐。习近平总书记语重心长地说："中国改革经过30多年，已进入深水区，可以说，容易的、皆大欢喜的改革已经完成了，好吃的肉都吃掉了，剩下的都是难啃的硬骨头。"[①]面对错综复杂的利益和矛盾，唯有砥砺前行。党员领导干部要坚定信心和勇气，面对矛盾迎难在先，为实现中华民族伟大复兴的中国梦做出自己的贡献。

（三）定当群众的主心骨

党的十九大报告指出，我国社会当前的主要矛盾是"人民日益增长的美好生活需要和不平衡不充分的发展之间的矛盾"。人民群众在日常生活中，总会遇到方方面面的问题和困难，尤其是在民主、法治、公平、正义、安全、环境等方面的要求日益增长。解决这些问题和困难的过程就是化解当前社会主要矛盾的过程，也是提高人民群众获得感和满意度的过程。在这一过程中，领导干部的表现尤为重要，能否为民说话、为民办事、为民撑腰，做人民群众的"主心骨"，关系到人心向背。正如诗人臧克家的著名诗句："骑在人民头上的，人民把他摔垮。给人民做牛

① 《习近平谈治国理政》，外文出版社2014年版，第101页。

马的，人民永远记住他。”

我们党有许许多多这样的好干部，为人所熟知的，如“把泪焦桐成雨”的焦裕禄、“先祭谷公，后祭祖宗”的谷文昌、“背着石头上山”的廖俊波、“太行公仆”吴金印等，还有许多默默无闻的人，在各自的岗位担当起了为民服务的责任，用自己的辛劳换来了人民群众的幸福生活。文建明就是这样的楷模。

2013年12月23日，被病魔折磨得再也扛不下去的四川省南充市营山县城南镇党委书记文建明住进了重庆医科大附属二医院。自从2005年被确诊为肝癌晚期，始终坚守在工作岗位的文建明已经大大小小做了37次手术。这一次，是文建明做的第三十八次手术。透过医生的眼神，文建明感觉到死神正在向他逼近，他平静地说：“动手术吧！我不怕死，只有活下去，才能把老百姓的事情办完。”儿子文忠为父亲加油：“37次手术都挺过去了，这次也一定能够战胜病魔。”

只是，这一次，生命早已严重透支的文建明没能走出病房。在生命的最后33天里，文建明始终牵挂着城南镇的百姓。时值岁末年初，基层工作千头万绪。躺在病床上的文建明放心不下，每天都要给领导和同事打20多个工作电话，常常是一边打着点滴一边打着电话。病房的护士说，像他这样不要命地扑到工作上的，还真没有见过。为避免影响大家的工作，文建明拒绝同事的一切探视：“镇里工作忙，莫分心！”直到2014年1月8日上手术台前，文建明还在为镇里的事情操劳着。

手术并不成功，文建明多脏器衰竭，伴随肺部感染，呼吸衰竭，曾经的生命斗士渐渐油尽灯枯。昏迷了三天三夜的文建明终于苏醒了，他艰难地睁开双眼，望着重症监护室里的护士，没有询问自己的病情，而是要求打电话询问工作情况。在生命的最后一刻，文建明已不能开口说话，但神志非常清醒。他示意护士拿来小黑板，用颤抖的手在小黑板上顽强地写下了“工作一定不能落下”几个字……这是一名共产党员留给百姓的最后一句话。此情此景，在场的人无不动容。

在医院的最后33天，一如他扎根基层的33年一样，生命不止，奋斗不息。

1981年从南充农学院毕业后，文建明毅然放弃在城市工作的机会，回到农村，扎根基层，这一干就是30多年。文建明在乡镇工作的30多年，基本上与我国的改革开放同步，时代以前所未有的速度刷新着人们的认知，各种矛盾呼啸而来。天天和农民们在一起摸爬滚打的文建明，对农民的烦心事了如指掌，他说：“从包产到户至20世纪90年代，农村的主要问题是解决温饱和提升温饱水平。20世纪90年代至21世纪初，农民负担上升成为主要矛盾，加之农产品价格低迷，农民增收难也成为重大社会问题。农村税费改革后，‘皇粮国税’免除了，新阶段解决‘三农’问题的重点转向推进农村社保、缩小城乡差别、共享改革成果上来。显然，不同发展阶段的社会矛盾不同，应当因时而治，及时化解。”

文建明先后在8个乡镇做过近20年党政“一把手”，每到一处都要攻坚克难，一次次坐在矛盾的“火山口”。他带领大家开创出风清气正、干群融洽的新局面。一些给他出难题、红过脸的群众在矛盾化解后，都发自内心地称他为“治乱书记”“爱民书记”。对此，文建明有自己的看法：“群众反映的问题不是什么‘火’，而是党和政府做事的着力点；干部化解矛盾更不是什么‘灭火’，而是为人民群众服务。”

这样的话，文建明说了很多：“问题找到一个，解决一个，也就少一个。老百姓不停地出‘上联’，干部就要不断地对‘下联’。”“干工作不能怕麻烦和琐碎，要从一人一事出发维护百姓利益，尊重每一个个体群众的利益诉求，就是维护公众利益。”“当干部要学会热爱群众提出的问题，与群众交朋友，这是一把通用钥匙，你对群众感情到位了，问题自然就好解决了。”……这些话是文建明30余年基层工作的心得体会，不仅表明了党员领导干部面对矛盾、面对群众不满的应有的态度，还为化解矛盾提供了一把“金钥匙”：那就是我们党全心全意为人民服务的宗旨。矛盾错综复杂、问题千变万化，只要从人民群众的利益出发，就选对了看问题的角度和立场，再复杂的矛盾也能找到解决办法。

文建明说了很多，做的更多。文建明不怕矛盾，甚至还主动找问题。

2001年4月，文建明被调到新店镇担任书记。之所以派他去新店，是因为这个镇矛盾错综复杂、干群关系紧张，1年内换了4任镇党委书记，有一个书记干了不到两个月就闹着调走。听说文建明要到那个地方当官，朋友赶紧打来电话劝他千万别去："你知道新店镇有个鲜鱼村吧？那个村的刁民太多了，干部根本进不了村，只要看到干部坐的小汽车进村了，就往车上泼大粪。这地，别人躲都来不及呢，你去，就是去'灭火'啦！"新店镇的坊间传说，文建明也听说了不少，可他打心眼儿里不相信，总觉得老百姓这么做一定是有原因的。一上任，文建明就要去鲜鱼村一探究竟，其他乡镇干部一听要去鲜鱼村，纷纷推托有事，就这样，文建明一个人骑着自行车去了鲜鱼村。一进村，那气势确实"不同凡响"，山坡上密密麻麻地站满了人，有的手里拿着铁锤，有的拿着擀面杖，有的甚至拿着大石头，老百姓们用这种方式"迎接"新来的文书记。看到文建明从自行车上下来，人群中爆发出"滚出去""赶紧滚"的喊声。文建明没有被吓走，他深吸了口气，对愤怒的人群说："乡亲们，今天我来这里，就是来听大家意见的，咱们摆摆'龙门阵'，要不要得？"这个"龙门阵"从中午一直摆到了深夜。刚开始的时候，村民们的态度并不友好，聊到最后，村民们的态度早就缓和了，文建明却流下了眼泪。后来，文建明多次提到这次流泪，他说："村民们的坦诚让我流了泪，哪有什么刁民？分明是基层干部自身出了问题，却把责任推在老百姓身上。"不久，文建明要求镇全体领导自带方便面进村开会，解决问题。矛盾化解了，村民的怨气也消了，乡亲们不再用大粪对待乡镇干部，而是发自内心地喊出了"共产党万岁"！

2003年，文建明调到城南镇任党委书记。城南镇被当地人戏称为"城烂镇"，单听名字，就能想象当地的情况。文建明上任的时候，城南镇的镇村两级背负了2000多万元的债务，上任第二天，讨债的就来了30多拨。对于长期积累下的矛盾，文建明一如既往地不躲不闪、主动迎着矛盾走。和在新店镇的时候一样，文建明骑着自行车走村串户，了解情况、寻求解决办法。一轮调研下来，文建明摸清了主要矛盾：村级财务不透明，糊涂账太多，损害了党的形象，伤了百姓的心。文建明带人分组奔赴各地，把多年的账本全部带回镇里，一笔笔核对。仅用了一个多月的时间，就把糊涂了多年的账目弄得明明白白。

除了解决群众找上门的矛盾外，文建明还主动找问题。在他看来，一些干部对矛盾避之唯恐不及的做法是要不得的，"小事拖大，大事拖炸"，是一种极其不负责任的态度。到城南镇的第二年，文建明制定了《寻问题解决表》和《开门纳谏表》，要求习惯坐在办公室的干部们带着表格进村入户，挨家挨户问问村民们有什么需要解决的问题，能解决的问题当场解决，不能当场解决的建立整改台账，限期必须有答复。为了防止“雨过地皮湿”，文建明把这种做法上升为城南镇干部必须执行的制度：每月1—5日，干部去村民家里找问题；每月6—10日，村（居）委会召开例会解决台账所列问题；每月11日，镇里开会啃“硬骨头”，解决不了的再上报县里，不解决不“销账”。对于找不到问题的，文建明还要进行处罚。曾有一个村干部因为连着三个月没找到问题，被文建明罚了50元钱。通过这个“自寻烦恼”的做法，老百姓的烦恼减少了。看似无关紧要的矛盾化解了，党与群众的关系也就拉近了。有一次，三星村村民龙明荣向入户找问题的镇干部反映：村干部把公章挂在裤腰带上，农民办个结婚证明、迁移证明，要漫山遍野找村干部。文建明知道此事后，决定在镇里设立政务村务集中办事大厅，集中为群众办事。办事方便了，龙明荣逢人就竖大拇指。

在文建明的带领下，人心齐了，干事创业的风气形成了，昔日愁人的“城烂镇”变成了明白镇、致富镇、债务归零镇，新农村建设如火如荼。文建明的工作方法被中组部命名为“文建明工作法”，在全国乡镇予以推广。

2014年1月25日，身体严重透支的文建明永远闭上了眼睛，年仅51岁。第二天，天气阴沉，淅淅沥沥的雨下个不停，一如大家悲伤的心情。自发从各地赶来的400多名干部群众赶到营山县殡仪馆，送他们心目中的好书记最后一程。

三、面对危机敢于挺身而出

远离危险、追求快乐和愉悦是人的本能，在这个世界上没有人会喜欢痛苦。可就是有这么一批人，在能与家人团聚、享受天伦之乐的时候选择奔赴刑场，在能远离危险的时候选择只身赴险，在别人花前月下的时候选择苦苦挣扎，这是一群违反人类本能的人，是用信仰支撑起来的大写的“人”，是共产党员中的杰出分子，更是每一名党员干部学习的榜样。习近平总书记曾在民主生活会上语重心长地说：“党和人民需要我们献身的时候，我们都要毫不犹豫挺身而出，把个人生死置之度外。我们都做不到，让谁去做？”①

“挽狂澜于既倒，扶大厦之将倾”，危难当头、紧要关口，需要有人挺身而出，勇于担当。“沧海横流，方显英雄本色”，在紧要关口的清醒和坚定，在危难面前的奋勇和无畏，这是共产党人不变的本色，也是共产党人应有的担当。

① 李斌、张涛、齐雷志：《批评和自我批评，动了真格！》，《人民日报》（海外版）2013年9月27日，第2版。

（一）弘扬革命的英雄主义

2017年8月，一张九寨沟地震灾区的照片刷屏微信朋友圈，人们纷纷点赞。照片拍摄于8月9日下午4时左右，在九寨沟地震的一处塌方点，巨大的山石不断沿着山坡滑落，尘烟滚滚，情况异常危险，一名群众正在向外撤离，另一个绿色背影却向塌方体逆行。逆行的身影是一名共产党员，他叫张国全，正随所在的武警部队执行救援任务。回忆起当时的情形，张国全没有过多的话，只是说："一心只想冲上去！"他冲向危险的行为感动了亿万人，人们崇敬地称他为"最美逆行者"。这个称呼，代表了人们对英雄的敬重！

这样的"逆行者"，需要担当精神的支撑，才能与危难相向而行，才能与人类的本能抗衡。

流传至今的古希腊神话中有这样一则故事：国王狄奥尼索斯住在豪华的宫殿里，拥有数不清的美轮美奂、价值连城的宝物。他的朋友达摩克利斯非常羡慕，经常对狄奥尼索斯说："你是世界上最幸福的人。"有一天，狄奥尼索斯决定让达摩克利斯坐在自己的王位上，让他体验一下自己的感受。心花怒放的达摩克利斯穿上王袍，戴上王冠，摆出一副君临天下的架子去参加宫廷宴会。睥睨众生、享尽荣华富贵的达摩克利斯心满意足，沉浸在巨大的幸福之中。突然，达摩克利斯发现自己坐的王座正上方悬着一把沉甸甸的、锋利的长剑，剑柄只用一根马鬃系着。尽管长剑并未落下来，达摩克利斯依然吓得面如土灰。眼前的荣华富贵瞬间黯然失色，对他失去了吸引力。为了逃避有可能降临到头上的危险，吓破胆的达摩克利斯赶紧从王座上滚了下来仓皇而逃。这就是大家耳熟能详的“达摩克利斯之剑”的故事，虽然人们通常用它来形容随时存在的危险，但从达摩克利斯宁肯不当国王也不处于险境的反应可以看出，人的本能是对安全的追求和尽可能地规避危险。

1943年，美国著名心理学家亚伯拉罕·马斯洛在学术期刊《心理学评论》上发表了一篇不长的文章——《人类激励理论》，产生了深远的影响。在这篇文章中，马斯洛首次提出了著名的人的需求层次理论。在马斯洛看来，人的本能由5个层次的需求组成，从低到高依次为生理需求、安全需求、社交需求、尊重需求和自我实现需求。所谓生理需求是人维持生命的最基本需求，也就是人们平时所说的“饮食男女”。位于第二个层次的就是安全需求，人们在满足了吃饱穿暖等维持生命的最基本需求后，最迫切需要的就是保障自身安全、摆脱失业和丧失财产威胁等。马斯洛指出，当人处于险境的时候，会调动感官、效应以及各种能量去追求达到安全的状态，直到满足，才会放松下来。希望得到爱、尊重和自我价值的实现，都是在安全需要实现后才会产生的本能需求。

马斯洛告诉我们，对安全的渴求是人的本能，跟性别、年龄、职务都没有关系。其实不单单是马斯洛，古今中外的先贤哲人也有类似的说法。亚里士多德有句名言："生命的本质在于追求快乐。"孔子曾说："笃信好学，守死善道。危邦不入，乱邦不居。"孔子告诫弟子，不要去危险的地方，更不要在那里居住。另一位大儒孟子也说："莫非命也，顺受其正，是故知命者不立乎岩墙之下。"大家熟知的"君子不立危墙之下"即出于此，孟子认为，远离危险之地是做人的道理和方法。司马迁在《史记》中写道："千金之子坐不垂堂，百金之子不骑衡。"意思是说，有身份的富人，坐卧不靠近堂屋屋檐处，怕被屋瓦掉下来砸着，也不会骑在楼殿边的栏杆上。至于"趋利避害""独善其身"等成语说的大都是这个意思。

逆行者与生背向而驰，义无反顾地奔向危险甚至死亡。与人类本能逆行难不难？说难很难，说易也易。在危险面前不畏惧、不退缩，挺身而出、逆流而上，归根到底，离不开党员领导干部的担当。用一己之力搏击惊涛骇浪，把安静平和留给百姓，在国家危难、民族存亡、群众生命财产受到威胁的紧要关头，共产党员就应该挺身而出，甚至不惜牺牲自己的生命。每一名共产党员在党旗前举起右手进行宣誓时，就应该为此做好准备。2022年10月，新修订的《中国共产党章程》明确要求全体党员"为了保护国家和人民的利益，在一切困难和危险的时刻挺身而出，英勇斗争，不怕牺牲”。

山西省有一个左权县。这个县名是为纪念八路军将领左权，而由当时的辽县易名而来。左权是八路军在抗日战场上牺牲的最高指挥员。1942年5月，他在辽县麻田附近为掩护中共中央北方局和八路军总部等机关突围转移时，壮烈殉国，年仅37岁。当时，潜入根据地的日军“特别挺进杀人队”在麻田发现了八路军首脑机关，中共中央北方局、八路军总司令部、军械部、军工部以及新华日报社等都处在敌军的合击圈内，而合击圈内能够应敌的只有为数不多的警卫部队，形势空前危急。日伪军的包围圈一步步地收紧，危难面前，左权迅速督促彭德怀赶快转移。他说：“你的转移，事关重大，只要你安全突出重围，总部才能得救。”而他则从容地指挥队伍继续突围。左权登上一块高地，尽管他声音嘶哑了，还是一遍又一遍地高喊道：“冲出山口就是胜利，同志们快冲啊！”当队伍冲向敌军最后一道封锁线时，敌人火力更加凶猛。突然，一发炮弹落在左权身边，他不顾危险，高喊着让大家卧倒。接着第二发炮弹又接踵而至，左权的头部、胸部、腹部都中了弹片。一位才华横溢、智勇双全的八路军高级将领，在险情面前挺身而出，献出了宝贵的生命。

英雄也是人，也是血肉之躯，也有七情六欲和儿女情长。究竟是什么促使他们能做出有违于常理的举动，罗广斌在《狱中八条》里的一段话或许能给我们以启示：“毒刑、拷打，单凭个人的勇气和肉体的忍耐，是没有法子忍受的。没有坚强的革命意识，没有牺牲个人、贡献革命的思想准备，便不能通过考验。”江姐、赵一曼、夏明翰、陈觉、赵云霄、欧阳海、李国桥、丁秀兰，因为难能更显可贵，他们在危险时刻挺身而出的义举在人们心中树立了一座座丰碑。可见，只有具备坚定理想信念的共产党员，才能行常人难以想象之举，用理想信念补足精神之“钙”，在危险来临之际才能不得“软骨病”，在逆境、险境中与信仰结伴前行！

敢于担当，不仅要体现在平时工作中，更要体现在紧急关头上。作为党员领导干部，关键时刻一定要豁得出来、顶得上去，真正成为带领人民群众战风险、渡难关的主心骨。既已出发，何惧倒下？心中激荡着理想和信仰，生死都不再那么重要。这是共产党员应该有的大担当！

（二）危急时刻豁得出去

危急时刻豁得出去是党性的最根本要求。在国家危难、民族存亡、群众生命财产受到威胁的紧要关头，共产党员就应该挺身而出，甚至不惜牺牲自己的生命。

提起疟疾，现在的人已经很陌生。殊不知，仅仅几十年前，这种由雌性按蚊传播的恶性疾病还是中国人的一个噩梦，谈疟色变。中华人民共和国刚刚成立时，我国每年约有3000万人染上疟疾，约30万人死于小小的蚊子的叮咬。尽管采取了许多措施，效果仍不理想，1970年，仍有高达2000万人染上疟疾。

攻克疟疾，一直都是人们的梦想。李国桥就是其中一员。与享誉世界的屠呦呦一样，李国桥终生致力青蒿素的研究并取得了重大突破。李国桥于1974年首先证实了青蒿素治疗疟疾的速效低毒作用，先后研制了5个青蒿素类复方，是国际著名疟疾专家、青蒿素发明获奖人之一、多个青蒿素复方的发明人。

1967年，李国桥作为中医师从下放劳动的牛棚中解放了出来，来到研制治疗疟疾新药的队伍中。接到命令时，李国桥的女儿尚未满月。李国桥抱着幼小的女儿看了又看，依依不舍地与妻子和女儿告别，一头扎进了云南边陲。那里是疟疾高发区，在那里，李国桥第一次看到疫区的场景。云南梁河县一个不到20户人家的小寨子里，每家每户都有疟疾病人。每个月，寨子里就会有几个人因疟疾而离世，那里的人过着相当于等死的日子。李国桥走进一间破屋，被眼前的景象惊呆了：母女两人都感染了疟疾，小女孩蜷缩着躺在床上，妈妈直挺挺地躺在门板上，被疾病折磨的两个人都没了人样。一打听才知道，这家原来还有一对父子，几天前因为感染疟疾都死了。很长一段时间，母女两人被疟疾折磨的情形经常浮现在李国桥的脑海里，他暗下决心，一定要打败疟疾这个敌人。

经过反复钻研，李国桥寻到一个抗疟偏方。偏远山区条件简陋，不可能找到仪器进行药物分析。寄到大城市进行检验，一来一回就要至少一个月的时间。对于挣扎在死亡边缘的疟疾患者而言，时间等同于生命。李国桥坐在桌子旁，望着有可能给病人带来生机的药材，陷入了沉思。片刻，他站起身，整了整衣领，对身边的同事说："我来试药吧，看看吃下去以后有什么不良反应。"看到同事想要劝阻他，李国桥打断同事，继续说："我是医生，不可能不知道这样做的危险。大家别劝我了。"于是，李国桥吃下了治疗疟疾的中药。没多久，李国桥感到天旋地转、浑身无力，身上的衣服都被汗水湿透了。同事见状，赶紧抢救，李国桥才缓了过来。脱离危险的李国桥说的第一句话就是："这个药不能用！"

这样危险的事情，冒险一次就足够了吧？没想到，李国桥却一试再试。

1981年8月，李国桥的研究进入攻坚阶段。为了深入研究疟疾的发病规律，就需要获得相关数据。这些数据只能通过人体实验获得，也就是说需要往人体里注入疟疾病毒。这样的人体实验很有可能会危及生命。风险太大，不能拿病人的生命去冒险，李国桥又一次打起了自己的主意。

"这次实验完全是自愿的，如果出现昏迷，暂不用抗疟药治疗，是我叫郭兴伯这样做的，这是我们研究计划的需要，请领导和珍秀不要怪他。万一真的发生不幸，只要在花圈上画一个疟原虫，我就满足了。”实验前，李国桥写下了这份“遗书”，珍秀是他的妻子，郭兴伯是他的助手，负责往他的身体里注射病原。不足百字的小纸条似乎将死亡的危险化解为无，人们却从轻描淡写中读出了责任重如山的担当。

注射剂注入李国桥身体，含有大量疟原虫的患者血液慢慢融入他的身体。李国桥一边记录着自己的感受，一边嘱咐郭兴伯：“如果我很快出现裂体期昏迷，千万不要用药结束实验。无论如何，我们的实验方案不能变，你一定要在我身上看到两个热峰出现。”看着吓得手足无措的郭兴伯，李国桥笑着拍了拍他的肩膀，反过来安慰助手说没事的。剧烈的头痛，不停地呕吐，体温持续在40℃以上，血液中疟原虫的密度超过了每立方毫米10万个，可李国桥仍然不使用抗疟药，鼓励着助手继续观察、记录病情。整整3天，李国桥每分每秒都忍受着高热的煎熬，实在受不了了，他还会哼起小调分散注意力。终于，实验达到了预期的效果。

李国桥的付出是值得的。2015年，在许许多多“李国桥”的共同努力下，我国本地感染的疟疾病例数只有40例，无数人的生命得以延续。2021年，85岁高龄的李国桥还在不遗余力地做着疟疾的研究。他现在研究的方向是希望青蒿素类药物见效更快，吃1天就能杀死疟原虫。历史唯物主义告诉我们，认识一个事物、一种精神现象的本质，不能从事物本身去寻找解释，而必须到产生这一事物和精神现象的历史事件和实践活动中去寻找。李国桥之所以能一次次以身试险，根源于对党的事业和人民的赤胆忠心，有了这份忠诚才能外化为无所畏惧的担当精神。

同样是医生，同样面对的是致命的传染病，丁秀兰和李国桥一样，在危险面前挺身而出。只因，他们有一个共同的名字——共产党员。

2003年春天，SARS这个看不见的凶险敌人、嗅不到的杀手，气势汹汹地向北京扑来。一时间，急救车鸣笛声呼啸而过，各大医院的救治大厅人满为患，北京告急，全民参战，一场意外的遭遇战匆匆打响。

2003年4月4日清明节当天，随着一名外地感染患者到北京大学人民医院就诊，北京大学人民医院成为SARS攻击北京的突破口，急诊科成为第一战场。北京大学人民医院主任医师，急诊科副主任、急诊科党支部书记丁秀兰义无反顾地冲在了最前线。

那天，丁秀兰离开家的时候，深情地打量着房间的角角落落，或许她隐约感觉到她再也回不到这个温暖的家了。然后，丁秀兰平静地对丈夫说："医院有病人，我得赶过去。"丁秀兰不是不知道SARS的危险。她之所以这么平静，是因为她始终坚守一个信念：作为一名共产党员，危险时刻就是要挺身而出，因此才义无反顾。

SARS疫情暴发时，人民医院主检SARS的医生共有4名，丁秀兰是急诊科唯一一位主诊医生。这个“唯一”意味着，急诊科接诊的病人，遇到比较疑难、不能确诊的或者是发烧的，胸片有问题的，都得由她来诊断病情。这个“唯一”同时意味着，丁秀兰接触到SARS病毒的风险要比其他的医生、护士高许多。丁秀兰明知多接触一次病人，就多一次被感染的风险，但她还是像平时一样，毫不犹豫地为患者问诊、查体，细致地检查患者的眼睑和咽部。由于丁秀兰是领导，她每天既要考虑如何救治病人，又要想方设法保护好身边的医护人员，负责协调各方面的事情。从早到晚，她不知疲倦地奔走在急诊科和病房之间，匆忙的脚步声似乎告诉人们，承受着巨大精神、身体压力的丁秀兰根本没有时间考虑个人的安危，她只想带领大家尽快战胜这场灾难。丁秀兰同事徐国英说：“当时的气氛很紧张。每天看着那么多人倒下，谁能不害怕？看得出来，丁主任也紧张。但她说：‘咱们都是共产党员，就得这么做。’”

很快，在救治病人的过程中，急诊监护病房的6名护士不慎感染SARS病毒。年近半百的丁秀兰不顾长时间的过度劳累，像妈妈一样日夜看护。终于有一天，丁秀兰开始发烧。在当时“谈发烧色变”的情况下，发烧意味着丁秀兰与“非典”近在咫尺。按常理，此时的丁秀兰应该立刻放下手上的所有工作，充分休息、静观病情。但丁秀兰怎么能躺得住，她对护士长说：“我不是高烧，我没事。我只是感冒，输点液就好了，咱们还得干啊。”两天后，丁秀兰持续高烧不退。她仿佛早有预感一般，平静地对护士长说："看来我就是了。"丁秀兰病倒了。

丁秀兰住进了隔离区。然而，隔离区里的丁秀兰，哪里是一个病人，她分明就是一个日夜住在病房里的医生。为了给危重病人以最有效的治疗，在病床上她经常和有关专家进行电话会诊。看到年轻病友心情烦躁，她举着输液瓶挨到他们的床前，用长者特有的关怀安慰他们，指导他们如何正确使用呼吸机。

对于自己那些仍然战斗在一线的同事，丁秀兰竭力保全。她总是批评护士们进她房间巡视的次数太多，每次护士进来时，她总是不停地撵她们："快出去吧，别传染你们！"为了减轻护士的辛苦，她竟夜间不睡觉，自己盯着输液。任凭护士们怎么劝她，她总是固执地说："你们不能太劳累，不然抵抗力会下降，我反正晚上也睡不着，无所谓的。"

4月22日丁秀兰病情恶化，组织决定把她送到地坛医院。当护士长徐国英和其他几名同志抬着担架到她床边时，她说："护士长，你不要拿担架，我自己会走，你们躲我远一点。"但当时的丁秀兰实在太虚弱了，她不停地咳嗽、气喘，每走一步都非常艰难，别说是50米了。后来，人们执意把她抬上了担架，抬上了救护车。到救护车上后，尽管她戴着口罩，还是担心会传染给她的同事。她就用被子把自己的头蒙得死死的。当时，坐在救护车上的护士都哭了。

正当一批又一批被隔离人员健康地走出医院的时候，丁秀兰却永远离开了我们。2013年5月13日清晨4时15分，这位在人民医院院内接触发热病人最多的急诊医生，在抗击“非典”的战斗中以身殉职，年仅49岁。丁秀兰的丈夫说：“我敢断定，如果她能康复，她还要到第一线去，想拦也拦不住。”

肆虐的SARS病毒，是一个我们从未交过手的敌人，深不可测且凶残无比。面对如此强大的敌人，丁秀兰高举起一名共产党员的信念，深知危险仍勇往直前。当她病倒后，她不仅继续发挥着自己的力量与病毒进行较量，还努力地保全着其他同事。在危险面前、注定要有牺牲时，丁秀兰选择了舍弃自己保全他人。丁秀兰也是一个有血有肉、活生生的人，她也有温暖的家庭，也是一名母亲。但当人民需要她的时候，她把这一切都舍弃了。她用自己的实际行动彰显了“危急关头豁得出来”的共产党员的英雄本色。丁秀兰在危急关头舍小家为大家的表现，正如《情系人民》这首歌所唱的：“情系人民你把咱老百姓挂牵，人民的安康都永远重于山，从你目光中看到力量，手足情同志心凝聚一道爱的防线。”

危险在前谁不害怕？亲人安危谁不挂牵？正是因为在危难时刻，我们党涌现出无数像丁秀兰这样的敢于担当的共产党员，在困难和危险面前冲锋在前，在生与死的考验上舍生取义，才铸就了共产党员在人民心目中的光辉形象。他们活着是一面旗帜，倒下是一座丰碑。今天的党员，很少会面临这样的生死抉择，但每一位共产党员都应做到把“危急时刻豁得出去”这一最根本的党性要求内化于心，时刻准备着为党和人民献出自己的一切。

（三）灾难面前伸得出手

每个人都企望风调雨顺，却很少有人终生无灾无祸，总会成为大大小小天灾人祸的亲历者或见闻者。尤其我国，由于幅员辽阔、地理气候条件复杂，是世界上自然灾害最严重的几个国家之一。据统计，一般年份，全国受灾害影响的人口约2亿人，其中因灾死亡数千人，需转移安置300多万人，农作物受灾面积4000多万公顷，成灾2000多万公顷，倒塌房屋300万间左右。

突如其来的灾难，给人民群众的生命财产安全带来巨大威胁。在考验面前，党员领导干部要伸出双手，为人民群众撑起抵挡风雨的保护伞。

2016年7月初，长江中下游持续暴雨，武汉龙王庙的水位已经突破28米，江面比路面还要高出40厘米。武汉告急！负责守护长江大堤的16名护堤防汛人，将一块“生死牌”再次挂在了长江大堤的防洪柱上。“人在堤在”的字眼是那么熟悉，人们甚至能在这块简陋的“生死牌”上看到熟悉的名字——唐仁清、李建强。18年前，也是在龙王庙面临洪峰考验的严峻时刻，唐仁清、李建强与同事将“人在堤在，誓与大堤共存亡”的“生死牌”立在了长江大堤上。

看到这块“生死牌”，人们想起了18年前的情形：

在武汉市汉口长江与汉水交汇处，有一座公园——汉口龙王庙公园。站在公园内9米高的高台上，可以俯瞰汉水、长江交汇的胜景。关于龙王庙公园，还有一个传说。相传，4000多年前，在长江和汉水的交汇处有一条恶龙，经常兴风作浪吞噬过往船只，所有船家都视这一带为鬼门关。到大禹治水时，白果老仙被派去降龙，经过108回合大战，终将孽龙捉住，并将一颗四方金印压在孽龙身上，使其永睡不醒。为了永记大禹功德，武汉先民在汉口江边修建了一座庙，并在庙的神龛上供奉禹王，神龛下供奉龙王，后人即称此庙为龙王庙。龙王庙一直香火旺盛。1930年，国民政府修路，龙王庙及其牌坊全部被拆，结果1931年发大水，汉口城整整被淹了两个月，死亡33600人，据说，“大水淹了龙王庙”的说法即源于此。

这座因洪水而建、因洪水而兴的庙宇，似与洪水有着不解之缘。现在位于公园里的一组巨幅雕塑——《武汉1998抗洪图》，记录了1998年洪水时武汉发生的感人故事。其中，8幅浮雕中尤以第三幅“生死牌”最为动人心魄。“生死牌”是16名党员在大堤随时要决口的危险时刻写下的庄严誓词，原件已作为一级文物被国家博物馆收藏。

这个收藏在国家博物馆的“生死牌”看起来很普通：一张粉红色宣传纸贴在一块长120厘米、宽79厘米的黑板上，“誓与大堤共存亡”的誓词下，是16名共产党员的签名。“生死牌”上的时间定格在：1998年8月7日。

1998年，连续下了半个多月的暴雨使得长江水位暴涨，武汉境内的江平面高出市内平均海拔，成了一条名副其实的头上悬河。龙王庙的河床土壤是粉细砂，地表层又是杂填土，透水性较强，险情随时都可能发生。龙王庙闸口守堤人员，面对汹涌的洪水和随时都可能发生的决堤险情，心情十分沉重。当时，守堤人员已日夜坚守40多天，大家的精神和体力消耗接近极限，而水位还在一天天上涨。如何能让大家坚持下去成了必须面对的难题。在危急关头，大伙商量了一下，决定成立临时党支部，并誓与大堤共存亡。在场的16名共产党员全部在“誓与大堤共存亡”誓词下签上了自己的名字。守堤人员说，在最困难最疲惫的时候，看一眼牌子上的誓词，就来了精神，就有了劲头，就知道了自己的责任多么重大。据当时报道“生死牌”的记者戴菁菁回忆，她第一眼看到“生死牌”的时候，“心里真的一颤。那时我大学毕业参加工作只有一年，刚刚转为中共正式党员。一直是在和平时期，总觉得生生死死是离自己很遥远的事情。但是当我看到‘生死牌’的时候，尽管上面没有我的签名，也感觉到我手里的笔有多重”。

在他们的影响下，长江、汉江干堤及各支流大堤上的抗洪军民纷纷竖立“生死牌”，签下“军令状”，组建“敢死队”，向洪水宣战。全中国为之感动，文人用如椽巨笔抒发着对英雄的崇敬，唐仁清、李建强等16名护堤员也成了名人。对于这些变化，英雄们很淡然，每天坚守在岗位上监测着长江的“喜怒哀乐”，日出日落，年复一年。同样不变的，是他们在危险来临之际冲锋在前的决心和勇气。

18年过去了，当年在“生死牌”上签名的16名护堤员大多数都离开了岗位，只有唐仁清和李建强还在，李建强已经57岁，还有3年就要退休了。可当洪峰来临之际，他还是和大家一起站了出来，在他看来，这是共产党员应该有的责任和担当，“用生命向洪水宣战”。唐仁清则说，希望“生死牌”能鼓舞年轻一辈防汛人。

小小一块“生死牌”凝聚了共产党员的担当精神。在危难来临之际，能冲锋在一线的毕竟属于少数，“誓与大堤共存亡”是一种担当，每名共产党员结合自身实际，做自己能够做的，同样也是一种担当！

2008年5月12日下午2时28分4秒，突如其来的地动山摇把人们的平静打破。四川汶川、北川发生里氏8.0级地震。近7万人殒命于短短两分钟之内，数以万计的幸福家庭随之破裂。汶川大地震给中国人带来的伤痛至今都还让人记忆犹新。广大共产党员冲锋在救灾一线，冒着余震的危险与死神赛跑。更多的共产党员用自己的方式与受灾人民站在一起。

汶川大地震的第二天，一个年近六旬、双眼红肿的农民来到了浙江省绍兴市绍兴县柯岩街道党工委书记的办公桌前。他把一个沉甸甸的塑料袋放在桌上，嗓音沙哑地说："这是我交纳的10万元党费，请党组织帮助尽快转送四川地震灾区。"这个人叫祁友富，是当地一家喷花服饰厂的党支部书记，也是一名有着35年党龄的老党员。

祁友富平时工作比较忙，很少看电视。5月13日中午，祁友富不经意间打开电视，突然看到四川汶川发生特大地震的消息。年轻时祁友富曾在汶川当过兵，他的许多有关青春的美好记忆都是与那片土地连在一起的。18岁那年，祁友富光荣入伍，在四川郫县、汶川一带服役。1973年12月，祁友富在部队加入了中国共产党。1975年，祁友富转业回家乡离开了那里。看到这种情况，祁友富当时就着急了，坍塌的校舍、被压在废墟中的人和抢险的官兵，一幅幅电视画面刺激着他的神经。这个在艰难创业中从不流泪的男子汉，眼眶红了。祁友富恨不能马上就飞到灾区，好帮帮那里的人。他拿起电话，对自己的爱人说："我要给灾区的人捐款。"祁友富的爱人很支持他，两个人商量了一下决定捐5万元给灾区。放下电话后，祁友富还是觉得不安心，想了一下，又给爱人拨通了电话："咱们捐10万元，好不好？"毕竟不是小数目，祁友富的工厂刚上了一套新设备，流动资金很紧张。祁友富的爱人沉默了一下，说：“好，我去凑。”两个人跑了三家银行，终于凑齐了10万元。当天下午，祁友富就把钱交到了街道党工委书记那儿。祁友富说：“现在国家有难，我是一个老党员，多出一份力是应该的。”

熟悉祁友富的人都知道，他虽然有自己的企业，但平时非常节俭。他穿的衣服都是几年前买的，难得买件新衣服也要藏好久才肯穿上身，他说怕弄脏了。2006年，儿子准备结婚。在绍兴，给孩子买套大面积的新房作为结婚礼物，相当普遍，何况祁友富也是一个老板。可他却没有给儿子买新房，而是将自己十几年前买的一套旧房子腾出来给儿子，自己和老伴住到了村里20多年前建的老房子里。祁友富对待自己和家人很“抠”，可当别人有难的时候，他却从来不心疼钱。1976年唐山发生大地震后，祁友富捐了300元，相当于他一年的积蓄；1998年，长江发生特大洪灾，当时祁友富创办的企业刚刚开始盈利，但他二话不说，又带头捐了5万元。祁友富所在的绍兴县个体民营企业协会每次募捐，只要一个电话，祁友富立即提款上门，被会员们称为捐款“老客户”。

这位捐款“老客户”没有想到的是，他支持灾区的10万元“特殊党费”，在全国范围内引发了交纳“特殊党费”的热潮。上自党和国家领导人，下至普通工人、农民、军人、知识分子，在人民有难、国家需要支援的关键时刻，纷纷向党组织交纳“特殊党费”，表达自己为党分忧、为民解困的心情。从几块钱到上万元，从年轻学生到耄耋老人，全党近六成同志交纳了“特殊党费”。2008年5月13日祁友富交纳第一笔“特殊党费”到同年11月5日，不到半年的时间里，4550多万名共产党员共交纳“特殊党费”97.3亿元。97.3亿元，相当于新中国成立以来中组部收缴的党费总和，是当时全国数量最大的一笔社会捐款。

面对灾难，共产党员迸发出高度的责任心、使命感，奉献自己的光和热，共同担当危难。时任中央组织部副部长欧阳淞同志这样评价道：“这次的特殊党费是在和平时期遇到重大特殊情况的时候，体现党与人民同呼吸、共命运、心连心的特殊形式。”[①]

四、面对失误敢于承担责任

“过也，人皆见之；更也，人皆仰之。”面对失误承担在先是中国共产党的勇气担当。纵观中国共产党的历史，是一部带领中国人民从“站起来”“富起来”到“强起来”的历史，也是一

① 魏武、陈菲：《中组部目前共收到17.73亿元“特殊党费”》，新华网，2008年5月26日。

部不断修正错误、善于总结经验、逐步走向成熟的历史，从本质上而言，就是一部为国为民、敢于担当的历史。身为光荣的中国共产党党员，亦应如是，敢于担当失误、及时改正错误，坚持党的原则第一、党的事业第一、人民利益第一的原则，这才是共产党人的真担当。

（一）用坦荡的胸襟面对问题

身为党员领导干部，当然希望在自己的工作岗位上干出令人骄傲的成绩从而更好地践行全心全意为人民服务的宗旨。这种想法是正确的，但要考虑到现实的复杂性，在努力奋斗的进程中，难免会因为主观原因或客观原因犯错误。在遇到这样的挫折时，就需要我们做好承担失误的准备，以直面失误的坦荡胸怀，不退缩、不推诿、不躲闪，“思其过，改其行”，勇于正视错误、勇于担当责任，积极主动地去改正错误，把改正错误、总结教训的过程作为成长进步的阶梯。一个敢于担当的领导干部应当是一个敢于对失误负责的干部，是一个善于从失误中汲取教训、提升能力和修养的干部。

人非圣贤，孰能无过。人生在世，即便才能过人、纵使全神贯注，也难免会百密一疏，出现或大或小、或多或少的错误。一代明君唐太宗李世民，一生离不开敢于直言的谏臣魏征，恰恰说明，在主持朝政的时候，身为明君的他也难免犯错误，也离不开身边人的时时提醒。还有被称为“至圣先师”的孔子。《左传·襄公二十四年》中曾有这样一段话：“豹闻之，‘太上有立德，其次有立功，其次有立言’，虽久不废，此之谓三不朽。”在叔孙豹看来，立德、立功、立言是仁人志士孜孜以求的永恒价值。而被国人公认的，我国历史上能同时做到“三不朽”的只有两个半人，一个是孔子，一个是王阳明，曾国藩只能算半个。可即便能做到“三不朽”的孔子，也难免会犯错误。比如，孔子误会老实的颜回趁做饭之机偷吃米饭，当知道颜回是为了把掉进锅里的草木灰清理干净后，不由得发出“眼见也不一定为实”的感慨。再比如，有一次，陈司败问孔子，鲁昭公是否是一个知礼的人，孔子回答说：“知礼。”陈司败就说，鲁昭公娶了和他同姓的吴国女子为妻，这是不合礼制的，非但如此，为了避嫌，他还将女子改名为吴孟子。这种行为该如何解释呢？孔子听后，意识到自己的错误并感慨地说，孔丘很幸运，犯了错误时，有人能知道并给予指正。我们党自1921年成立后，在探索民族独立和争取人民解放的过程中、在社会主义建设和改革开放的过程中，也不是一帆风顺的，也犯过各种各样的错误。八七会议纠正了以陈独秀为代表的右倾机会主义错误，遵义会议纠正了以王明和博古为代表的“左”倾主义错误。中华人民共和国成立之后，我们党又接连纠正了“大跃进”和“文化大革命”的错误，进行了拨乱反正，使中国社会主义建设事业重新奋起。

举这些例子只为说明，犯错误在所难免，也并不可怕。然而，这一小学生都明白的道理，在一些党员领导干部那里却成为无解的难题。

一旦工作中出现失误，要么视而不见，藏着掖着、不说不改，视错误为空气，自己一旦升迁赶紧拍拍屁股走人，谁接他的烂摊子算谁倒霉；要么坚决不承认错误，东拉西扯、巧舌如簧，编出一套套自己都不相信的理由，凭借自己掌握话语主导权和决策权的优势，硬着头皮继续将错就错，完全不顾及群众的感受、不担心贻误党的事业；要么推给他人，不分青红皂白、不管客观实际，看到成绩就往上扑，出现问题就往后躲，一副毫无来由的“老子永远正确”的笃定。更严重的是，一些党员领导干部为了少犯错、不犯错，干脆来了个不干活，做足面子功夫，实则冠冕堂皇“打太极”。这种“滴水不漏”明哲保身的做法，看似不会导致党员领导干部在工作中犯错误，其实本身就已经犯了大错误。

2017年12月11日，习近平总书记对新华社的一篇名为《形式主义、官僚主义新表现值得警惕》的文章做出批示：文章反映的情况，看似新表现，实则老问题，再次表明“四风”问题具有顽固性反复性。形式主义流弊已久，新形势下又不断流变、形式翻新，要防止新形式主义抬头。这篇引起习近平总书记注意的文章，列举了当前形式主义和官僚主义的10种新的表现，其中有3条都与害怕担责、推诿懒政有关：一些单位“门好进、脸好看”，就是“事难办”；一些干部办事拖沓敷衍、懒政庸政怠政，把责任往上推；有的领导干部热衷于将责任下移，“履责”变“推责”。不管是四平八稳的“太平官”，还是因循守旧的“平庸官”，抑或逃避责任的“圆滑官”，归根到底，都是不想、不能、不愿面对失误承担责任。长此以往，不仅会影响党的形象，更会贻误党的事业。

面对失误敢于承担责任是衡量党的好干部的重要标尺。建设中国特色社会主义，是前无古人的事业，许多工作都无现成经验可以遵循，必须大胆探索实践，在没有路的地方走出一条路来。既然是探索，就有可能会出错，失误就不可避免。尤其是勇于改革的开拓型干部，处在改革的风口浪尖上，往往成绩突出，错误也突出。领导干部能否面对失误敢于承担责任，是对其在失误面前是否真的愿担当、能担当、会担当、善担当的全面检阅，也是对领导干部胸襟、品行、能力、素质的综合考量。

除了要求党员干部在失误面前敢于担当外，党组织还要有保护因担当而失误的党员干部的措施，让党员干部没有后顾之忧。要进一步把因缺乏经验、先行先试出现的失误与明知故犯而违纪违法的行为区分开来；把国家尚无明确规定时的探索性试验与国家明令禁止后有法不依的行为区分开来；把为加快发展的无意过失与为谋取私利故意违纪违法的行为区分开来，以便更好地保护干事创业干部的积极性。同时，在全社会为敢闯敢试的领导干部营造宽容失误的环境，旗帜鲜明地鼓励担当者、支持担当者、保护担当者，为在工作中尤其在改革创新中敢闯敢试、动真碰硬、大刀阔斧、真抓实干，受到挫折甚至发生失误的干部撑腰鼓劲打气，大力引导领导干部树立在其位、谋其政、成其事的责任担当意识，大力宣传面对失误敢于承担责任的先进典型人物及事迹，大力营造鼓励探索、支持创新、崇尚担当、宽容失误的氛围。

（二）听得进不同声音有错立改

1944年9月8日，毛泽东在为中央警卫团战士张思德烈士举行的追悼会上发表了一次著名的讲话，这次讲话成为名篇《为人民服务》。文中特别讲了一段与批评有关的话："因为我们是为人民服务的，所以，我们如果有缺点，就不怕别人批评指出。不管是什么人，谁向我们指出都行。只要你说得对，我们就改正。你说的办法对人民有好处，我们就照你的办。……只要我们为人民的利益坚持好的，为人民的利益改正错的，我们这个队伍就一定会兴旺起来。"①

① 毛泽东：《为人民服务》，《毛泽东选集》（第三卷），人民出版社1991年版，第1004页。

在毛泽东的带领下，批评和自我批评成为我们党的优良传统和作风，是我们党强身治病、保持肌体健康的锐利武器。然而，毕竟忠言多少都是有些逆耳的，会使人产生抵触情绪，能听进去并立行立改，说起来容易，实现起来就颇有难度。这就需要党员领导干部不断加强党性修养和锤炼，以共产党人的胸怀正确对待别人对他的批评，不仅能听得进领导和同级的不同意见，还要鼓励下级反映真实情况，有则改之无则加勉。

毛泽东不仅是这样要求别人的，也是这样要求自己的。1935年10月19日，在经历了艰苦卓绝的斗争后，中共中央率领中国工农红军陕甘支队到达陕北吴起镇，长征宣告胜利结束。从这一天起，中国革命进入“延安时期”。直到1948年3月23日，中共中央从延安战略撤退，中国共产党在延安战斗和生活了13年，并创造了“延安奇迹”。毛泽东曾用“十个没有”来评价延安：“陕甘宁边区是全国最进步的地方，这里是民主的抗日根据地。这里一没有贪官污吏，二没有土豪劣绅，三没有赌博，四没有娼妓，五没有小老婆，六没有叫化子，七没有结党营私之徒，八没有萎靡不振之气，九没有人吃磨擦饭，十没有人发国难财。”①

可想而知，“延安奇迹”的形成并非易事。从外部条件看，除了第二次国共合作期间，国民党暂停了对延安的明目张胆的围

① 毛泽东：《团结一切抗日力量，反对反共顽固派》，《毛泽东选集》（第二卷），人民出版社1991年版，第718页。

剿外，其他时间延安时刻面临着军事围剿和经济封锁的巨大危机。从内部条件看，延安的自然条件并不算好，物产也不丰富，短时间内拥入大量人口，单是解决供给问题就很是令人头疼。在这样的情况下，中国共产党不仅在这里存活下来，而且逐步强大最终走向了全中国。诚然，这一伟大历史成就的取得，与中国共产党的性质是分不开的，与中共中央科学决策、民主执政的做法是分不开的，也与我们党能及时发现并纠正决策失误是分不开的。

在延安，曾广为流传着这样一则故事：一个农妇大骂毛泽东，甚至咒他被雷劈死。毛泽东知道后不仅没有惩罚这个农妇反而还把她当亲人，还调整了当时延安正在执行的一些政策。故事的经过是这样的：

1941年6月3日，陕北地区政府正在召开县长联席会议。“六月天，娃娃脸。”原本艳阳高照的天气，忽然乌云滚滚、雷雨大作。只看到，一个闪电霹雳般向召开县长联席会议的地方打去，伤亡数人。这件原本因天气引起的偶然事件，却被潜伏在延安的敌特分子利用大做文章，一时间，关于老天爷在惩罚共产党和红军的谣言四起。有关部门对此事高度重视，还专门组织力量追查散播谣言的人。

炎热的夏天很快就过去了，延安迎来了丰收的季节。根据惯例，每逢秋季，村民都要缴纳公粮。一天，乡干部们来到当地农妇伍兰花的家里催缴公粮。伍兰花家是远近闻名的贫困户，她的男人是个傻子，三个孩子还小，还有一个年迈的婆婆，家庭的重担全落在伍兰花一人肩上。看到乡干部进了院门，伍兰花知道他们是来催缴公粮的，暗自思忖：去年的公粮被我软磨硬泡赖掉了，今年恐怕不成了。想到这里，伍兰花心生烦闷，硬着头皮迎了上去。果然，乡干部一上来就开始耐心地给伍兰花讲革命道理，动之以情晓之以理。伍兰花何尝不知道这些道理，只是，她更清楚，一旦这袋口粮缴上去一家老小就得饿肚子。越说越气，伍兰花气呼呼地从地洞里掏出一小袋粮食，扔到乡干部面前，扯着嗓门喊道："前一阵打雷，咋不把毛泽东打死哩！"说完，眼泪像断了线的珠子滚了下来。

乡干部一听，吓了一个激灵，"这还了得！不仅不缴公粮，还敢咒骂毛主席，不会是敌特分子吧？"于是，赶紧五花大绑地把伍兰花押了起来。

当时，有一份名为《情况汇报》的内部刊物，是专送中央首长的。伍兰花的事情被登在《情况汇报》上，引起了毛泽东的注意。毛泽东觉得奇怪，自己并不认识这个叫伍兰花的农妇，她为什么会这么恨自己呢？于是，毛泽东派保卫处的钱益民把伍兰花带过来，要当面问个清楚。伍兰花被带到枣园，看到对面坐着一个身材魁梧的人，并不知道此人就是被她咒让雷公劈死的毛泽东，就低着头不说话。毛泽东和气地问："你为什么要骂我，让雷打死我呢？"还打趣道："我这个脑壳真值钱嘛！国民党要它，用枪用炮；你倒好，要用雷打。”一听此言，伍兰花知道了是毛泽东要见她。伍兰花心一横，干脆把想说的话一股脑儿都倒了出来，说了她为什么不缴公粮，还说了村里老百姓因负担过重生活日益艰难的情况。

听完伍兰花的话，毛泽东一句话没说，走出了窑洞。钱益民丈二和尚摸不着头脑，只得远远地跟在毛泽东的身后。毛泽东一直走到延河边，望着翻滚向前的延河水，沉思了许久。然后，对钱益民说：“那位叫伍兰花的妇女，马上护送她回去。她是好人，敢讲真话，是为我们提意见的好同志。把她送回去，请你告诉地方政府，在生活上要照顾她。”

随后，毛泽东给中共中央西北局宣传部下达指示，要他们认真调查一下延安群众的负担问题和生活状况。两个月后，一份来自张家村乡的调查报告，放到了毛泽东的案头上。调查报告中说：1941年，张家村乡的负担，尽管比革命前的1934年有了大幅度减少，但从抗日战争爆发后，随着政府征收公粮数额的增加，群众的负担又逐年加重。1938年，征收公粮1万石；1939年，征收公粮5万石；1940年，征收公粮9万石；1941年，征收公粮21万石……1941年比1940年的公粮征收增加了一倍还要多，当地农民平均需要把总收成的35%作为公粮上缴，有些地区甚至高达43.7%。公粮的增加引起了老百姓的普遍不满。于是，才有了伍兰花的抱怨。

陕甘宁边区政府之所以这么做，也是迫于形势的需要。抗日战争爆发后，大批爱国人士从四面八方奔赴延安，投入到火热的革命熔炉中。据统计，从1937年到1945年，8年时间边区共接收移民6.385万户26.662万名。1943年，在延安的党政军人数有3万人，老百姓约1万人，相当于1937年延安市区人口的10多倍。短时间内人口的迅速增长，导致对粮食、物资的需求陡增。从1937年到1939年，边区政府每年需要粮食12万石。那时，尚处于第二次国共合作期间，所以这些负担基本上由外界援助解决。抗日战争进入相持阶段后，国民党开始消极抗日、积极反共，经过短暂“蜜月期”，国共关系再次走向恶化。于是，国民党停止了对中国共产党的拨款，并开始全面进行经济封锁。其他渠道的经济援助，也因日本的扫荡折损不少。雪上加霜的是，延安连续几年遭遇自然灾害，粮食大幅减产。延安，进入前所未有的困难时期。毛泽东曾在几年后的一次陕甘宁边区高级干部会议上这样形容当时的延安：“我们曾经弄到几乎没有衣穿，没有油吃，没有纸，没有菜，战士没有鞋袜，工作人员在冬天没有被盖。”[①]以移民为主体的人口迅速增长，为农业生产和兵力补充提供了可靠有力的保障，但同时也给陕甘宁边区带来沉重的经济压力。近代陕北灾荒连年，几万人的革命队伍能够解决温饱问题，实属不易。为

① 毛泽东：《抗日时期的经济问题和财政问题》，《毛泽东选集》（第三卷），人民出版社1991年版，第892页。

了走出困境，边区政府不得已根据每年陡增的需求调高农民缴纳公粮的额度。

看着这份报告，耳边回荡着伍兰花的控诉，毛泽东一支接一支地抽烟。一边是需要供给的革命力量，一边是共产党为之抛头颅、洒热血的人民，孰轻孰重？毛泽东显然有明确的答案，共产党人革命的初心就是为了人民，如果因此舍本逐末，因为发展革命力量反而损害人民的利益，这样的革命又有何意义？第二天，毛泽东把西北局负责人高岗、边区政府主席林伯渠等同志叫到枣园。毛泽东把这几天的所见所思告诉他们，语重心长地说："我们到陕北干什么来了？我们是干革命来的，为人民谋利益来的。"当即，毛泽东决定纠正错误的政策，宣布减免公粮4万石。

高岗和林伯渠都很赞同毛泽东的说法，但对于减免公粮心存犹豫："该怎么解决眼前的困境？"毛泽东胸有成竹，提出靠自己的双手解决吃饭的问题。听到这一倡议，大家眼前一亮，纷纷表示赞同。不久，党中央向边区党、政、军发出了"自己动手、丰衣足食"的号召，要求人人参加生产，解决吃饭、穿衣问题。为大家熟知的"大生产运动"由此正式开始。毛泽东以身作则，在自己住的窑洞前开垦了一块地种菜，还把自己亲手种的黄瓜、白菜、丝瓜和红辣椒等蔬菜送给身边的人。朱德在繁忙的工作之余坚持种粮，每年还主动上缴3石粮食，给大家做出了表率。伍兰花的咒骂，没有引来杀身之祸，反而引发了毛泽东对政策的思考，并从人民利益高于天的角度出发及时纠正了工作中的失误。这是一种胸怀，更是一种担当。没有这种担当，伍兰花将是另外一种命运，革命事业的发展也或将受到影响。如此这般，更是体现出了在失误面前承担在先的可贵和重要。

两年后，毛泽东路过伍兰花所在的村庄，想起了这位耿直、纯朴的农妇，特意派人去伍兰花家看看她生活得是否还好，“还让不让雷把我打死啊？”回来的人告诉毛泽东，伍兰花一家现在的日子好多了，逢人就说毛主席是让雷打也打不死的！

不光伍兰花转变了对毛泽东、对我们党的态度，延安人民也从党员干部的一言一行、从我们党的政策中感受到，中国共产党是真正为老百姓谋福利的党。1946年春节，延安县川口区六乡人民代表到王家坪拜年，将写有“人民救星”4个大字的金匾送给毛泽东，这4个大字代表了人民的心声，是人民对中国共产党的认可和肯定。

（三）抛得下个人得失有过必担

失误总是难以避免的。一旦出现失误，总会对当事人的工作、生活产生或大或小的影响。此时，就是考验一个人担当精神的关键时刻。犯了错误不回避、不搪塞，而是积极主动地去面对，并能抛得下个人的利益和得失，从大局出发挽救困局、以个人利益换取百姓平安，这才是一名共产党员的担当。

共产党员宋先钦用10年的表率为世人书写下“担当”二字。

30多年前，地处偏远山区的湖南省怀化市辰溪县后塘瑶族乡，主要以农业为收入来源，但人均耕地面积只有0.6亩左右。直到1995年，整个乡的总产值也刚刚达到1800万元。经济落后、人民贫困，是当时的真实写照。

宋先钦就是在这样的情况下当选为后塘瑶族乡莲花村党支部书记的。因为他是村里公认的大能人。改革开放后，脑瓜灵活的宋先钦更是如鱼得水，把自家的日子过得风生水起。别人刚刚能吃饱饭，他家就已经成了“万元户”。于是，在改选村党支部书记之时，渴望富裕的乡亲们把95%的选票都投给了他。

宋先钦深感肩上的担子很重，当选支部书记后，他就大刀阔斧地干起来。带着村民们修路、种植柑橘、养鱼。几年下来，村里的面貌有了很大改观。那些年，装修房子用的瓷砖很热销。为了让村民们的日子更加富裕，宋先钦提出村里也办一家瓷砖厂。1990年9月12日，宋先钦主持召开了全村党员干部和村民代表会，让大家充分发表意见，讨论这厂办不办，怎么办。意见空前统一，大家都说，这么好的致富项目一定要办！办厂所需的资金一是到信用社贷款，二是村民自己集资。一个多月后，瓷砖厂正式挂牌并很快投入生产。

本以为莲花村人找到了一条依靠勤快致富的好门路，没想到，竟然被骗了。村民们引进的所谓“先进设备”早已被市场淘汰。由于设备落后，辛辛苦苦生产出来的瓷砖拿到市场上去销售，竟然一块也卖不出去。瓷砖厂没法再办下去了，只能关门，把能卖的都卖了，还欠20多万元信用社的贷款和村民的集资款。

当时的20万元，对于莲花村来说，简直是一个天文数字。怎么还？村里一连开了几天党支部会，乡党委书记赵泽长也赶到会上。会上赵书记说，既然办瓷砖厂是大家都举手同意的，现在出了事，就只能“有福同享、有难同当”，按责任大小分摊欠款。村干部和进行市场考察的人员，每人承担8000元，党员和村民小组长每人600元，一般村民承担50元，宋先钦作为主要责任人，分摊2万元。客观而言，赵书记的这个提议也算是一个解决问题的法子。只是有的人家里情况实在太困难，所以仍有人不同意。当时的莲花村党支部副书记沈岳山说：“我一年只有80块钱的补贴，书记只有120块。要我还8000元的债，我就得还100年。我们活也活不了100年。到时候，我们还不上钱，不是去上吊，就去喝瓶农药，这叫人死账灭。”说完这话，沈岳山泪流满面。

一直默不作声的宋先钦听着大家七嘴八舌的议论，低头思考了一会儿。他知道，一旦要大家伙分摊债务，肯定有的家庭因此闹矛盾，说不定还会出人命。这是他最不愿意看到的场景。与其家家户户都闹得鸡犬不宁，还不如就苦我一家人呢。想到这，宋先钦站了起来，坚定地说："我是村支部书记，村里办企业，我是主要决策人。厂子办失败了，我应该负主要责任。现在我宣布，所有欠款，包括村民的集资款，都由我宋先钦一人偿还，决不向村民头上摊派一分钱！"在场的人听到宋先钦要一个人偿还这些债务时，有的人以为自己的耳朵出了毛病，还有人认为他是被债逼出了精神病。赵书记知道这笔债务会把宋先钦一家压垮的，就劝他不要冲动，再认真想想。其实，宋先钦又何尝不知道背上20多万元的债务对他及他的家庭意味着什么。只是，身为党支部书记，他觉得，这个时刻他必须站出来。

当宋先钦的妻子叶腊梅听到他要替全村人背债的消息，忍不住哭了。叶腊梅回忆说：那天他晚上12点才回来，一个劲地抽烟。我问他，你怎么不睡呀，他说，我睡不着。我说这么大的债你一个人还，是吗？他点了点头，我就哭起来了。

办厂失败的宋先钦已经无任何积蓄，在借款无门的情况下，他只得变卖家产。宋先钦逼着大儿子宋成林卖掉了经营多年的录像厅和电器修理店。宋先钦又在自家屋后建了一个小砖窑，两个小儿子也放弃了学业，回家帮父亲烧砖。

为了能早点还清债务，宋先钦一家不分昼夜地忙碌着。烧窑需要鼓风机鼓风，宋先钦买不起，就拿着蒲扇对着砖窑扇风，一扇就是10多个小时。有一回，宋先钦累得上厕所的时候晕倒了。半天过去了，家里人才发现他晕倒在厕所里。还有一次，宋先钦从七八米高的砖窑上摔了下来，当时就昏了过去。经过十几个小时的抢救，宋先钦才醒了过来。可是，由于摔断了三根肋骨，脊椎也严重受损，宋先钦整整在床上躺了半年才能下地。宋先钦卧床期间，赵书记去看了他。看到那个健壮的汉子被债务折磨得身形憔悴，赵书记心酸地说："老宋啊，你不要硬撑了，只要你说一声，这个账就不要再让你一个人承担了，还是按照以前的方案分摊下去。"宋先钦却说："说过的话要算数，这笔账绝不分摊到村民头上，就算我再也起不来了，我儿子们、孙子们也一定会还清我欠下的债务。"在场的人早已泪如雨下。

后来，县里得知此事，曾建议村里提出破产申请，宋先钦却没有同意。宋先钦说："做事，一碰到有困难的时候，就把责任甩了，丢给国家，我还像个党员吗？我还是不能让国家受损失，我是一个支部书记，我应该来了结这个事。"

铁汉子宋先钦也有柔情的一面。在还债的10年间，宋先钦吃了那么多苦，他都不曾抱怨一句。可提起1994年春节发生的一件事，这个坚强的人竟然流下了眼泪。1994年过春节，宋先钦的大孙女在吃饭的时候，突然对她奶奶说，别人过年都是穿新衣服、吃鸡腿。奶奶，今天新衣服我不要，我要一只鸡腿。奶奶把孙女抱在怀里，说，等爷爷以后有钱的时候，多买几只鸡腿给你吃。孩子一听就哭了，一家人都流下了眼泪。宋先钦知道，为了还债，他欠家人的太多。他的二儿子由于过度劳累，累死在砖场上。宋先钦记得，几年前他对孩子们说，你们先退了学吧，回来帮着我烧砖还债，等债还清了，爸爸还送你们去上学。可是，二儿子没能等到父亲送他复学的那一天。宋先钦对孩子的这些承诺，成了他这一辈子的不了情。

2000年12月28日，宋先钦做出一人还债的决定已近10年。这天，大雪纷飞、天寒地冻，可宋先钦的内心却感到从来未有过的暖和、激动。他揣上2800元钱，踏上被大雪覆盖的崎岖小路，来到了村民涂莲花和宋文荣家，还上了最后一笔债务。回家路上，宋先钦百感交集，情不自禁地扑通一声跪在雪地里大哭起来，他放声喊道："我还清债务了，还清全部债务了！"近10年来，连本带息，宋先钦共偿还债务30.46万元。

与宋先钦几乎在同一时期，在祖国的北方，也有一个像宋先钦一样的共产党员，主动承担起失误，用担当精神开创一片新天地。他，就是王明海。

1985年7月，王明海调任鄂尔多斯集团党委副书记。当时的鄂尔多斯在世界羊绒市场上已占据一席之地，为了进一步增强企业的核心竞争力，鄂尔多斯集团领导班子研究决定，学习国外先进做法，建设集团自己的原料牧场，以确保羊绒的高品质。1989年春天，为完成这个使命，王明海来到了恩格贝。

"恩格贝"在蒙语中是"平安吉祥"的意思。历史上的恩格贝水草丰美、牛羊成群，牧民们在这里安居乐业，由此得名。后来，连年的战乱、过度放牧、乱砍滥伐，使这片肥沃之地遍布黄沙。环境的恶化迫使牧民们纷纷背井离乡。到20世纪80年代末时，这里近30万亩的土地上几乎已没有人烟。

到这儿的第一天，王明海就领教了恩格贝风沙的厉害，眼睛都睁不开，更别说考察地形了。买下30万亩荒沙地后，王明海带着队伍开始种草栽树。在茫茫大漠里种树并非易事，王明海一行人起早贪黑、想尽各种办法提高树苗和草种的成活率。两个月以后，眼看着大漠刚刚笼罩上淡淡的一层绿意，一场突如其来的洪水，把王明海的努力和投下去的真金白银化为灰烬。洪水过后，一棵草都没有了。王明海意识到，如果不改善这里的生态环境，恩格贝只会有黄沙，不可能有“黄金”。

于是，王明海带着队伍开始了艰难的种树治沙之路。资金短缺、生活条件恶劣、背井离乡的孤独以及随时都可能前功尽弃的威胁，王明海每天都在劳累和焦虑中度过。值得欣慰的是，在与大自然较量的一次次失败中，王明海渐渐摸索出一套行之有效的办法，走上了“以洪治沙、以洪淤地、化害为利”的科学治沙之路。

1994年，此时，王明海已经在大漠生活了近5年，劳累和艰苦的生活条件，严重摧残了他的身体健康。大面积心肌梗死，王明海躺在医院的病床上昏迷了五天五夜。集团连年投入却不见收益的现状加上王明海的病倒，迫使鄂尔多斯集团做出一个决定：

通知王明海和他的队伍从恩格贝这个“无底洞”撤出，前期投入的600万元资金就当做了善事了。王明海马上就可以离开沙漠，回到城市里继续做待遇优厚的集团老总了。面对这个好消息，王明海犹豫了。反复考虑后，王明海做出了一个令人瞠目结舌的决定：辞去集团党委副书记职务，自费承包治理恩格贝，一心一意治沙。消息传出，众人一片愕然。集团总裁王林祥专门找他谈话，希望能挽留他，并又开出了让王明海兼任集团所属的资产超亿元的东乔建材公司党委书记、总经理的优厚条件。

面对对他并不友好的沙漠，情感和使命感交织在一起，王明海没有回集团，而是选择继续留在恩格贝。他以个人名义承包恩格贝15年，并经原伊克昭盟行政公署批准成立恩格贝生态建设示范区，肩负起自费治理沙漠的沉重使命。

如今的恩格贝发生了翻天覆地的变化，绿化率已达70%，成为名副其实的沙漠绿洲。在恩格贝沙漠科学馆里有两幅巨大的照片，一张是1990年的恩格贝沟远景照片，另一张是23年后的那里。两张照片是站在同一个地点拍摄的，但如果不是照片旁边的文字提示，人们很难想到眼前天壤之别的景象竟然都是恩格贝，更不能相信，从黄沙满地、寸草不生的荒漠到绿树成荫、鸟语花香的绿洲，恩格贝只用了不到30年时间。

这里面，有王明海的心血！

五、面对歪风邪气敢于坚决斗争

面对各种歪风邪气，是做挡风驱邪的泰山石，还是做八面玲珑的老好人，对每名党员领导干部都是现实的考验。党员领导干部发扬认真精神，敢于较真、敢抓敢管，在党和群众的利益受到威胁的时候没有人情，在正义面前不讲人情，歪风邪气就没有市场，就一定能够营造风清气正、河清海晏的社会环境。

（一）歪风面前不沉默

为做好传统文化的传承和发扬，2006年，我国公布了第一批国家级非物质文化遗产名录，针灸、剪纸、宜兴紫砂等一大批融入中国人生活的非物质文化遗产被列入其中。在这份名单里，我们发现了“泰山石敢当”的身影。古时候，由于人们对自然的理解和认识还很有限，因此产生了很多禁忌和崇拜，“泰山石敢当”就是其中之一。人们把刻有“泰山石敢当”字样的泰山石碑立在桥道要冲或者砌在房屋墙壁上，以达到镇压一切不祥之邪的目的，在古时民间颇为流行。之所以这么做，不仅是因为泰山石本身的钟灵毓秀，古代三大宫殿天贶殿、大成殿、太和殿的重要部位的石材均为泰山石，更是因为在人们心目中泰山是天下浩然正气之所在。

“泰山石敢当”作为一种精神信仰，已经深深融入了中国的文化基因中。小小一块泰山石是否具有如此能量，我们不得而知。我们能体悟到的是，人们对邪淫之气的厌恶和对清朗正气的渴望。

人民的渴望，就是共产党员的奋斗目标！每一名党员领导干部要敢于与一切不良风气做斗争，敢于在党和群众利益受威胁的时候板起脸来维护。个人是渺小的，但要知道，我们背后站立的是人民的归心和拥护。宋代王谠在《唐语林》一书中写道：“臣闻邪不干正，若使咒臣，必不能行。”邪恶的压不倒正派刚正的事物，王谠说出了世间真理。只有鬼怕人，没有人怕鬼。所以，党员领导干部要敢于发声，尤其是关键少数领导干部不要惧怕“做恶人”，该惹的“麻烦”就得惹，该斗争的时候必须要斗争。正如党的十九大报告所指出的那样：“实现伟大梦想，必须进行伟大斗争。”“任何贪图享受、消极懈怠、回避矛盾的思想和行为都是错误的。”①

沉默，是许多人在歪风邪气前的态度，因为这是最安全、最

① 习近平：《决胜全面建成小康社会　夺取新时代中国特色社会主义伟大胜利——在中国共产党第十九次全国代表大会上的报告》，人民出版社2017年版，第15页。

省心的，却绝不应该是共产党员秉持的态度。

假如这个世界堕入黑暗，那么，吹灭最后一盏灯的，不是坏人的嚣张气焰，而是好人的忍气吞声。在鲁迅笔下，他们被称为“看客”；在学过哲学的王小波那里，他们又有一个颇富哲理的名字——沉默的大多数。无论被叫作什么，沉默这种行为在鲁迅和王小波那里似乎都不被看好。鲁迅在频频亮出“匕首”“投枪”的时候，无论目标是谁，只要时机合适，都不忘捎带奚落一下冷漠的“看客”。王小波在充当了多年“沉默的大多数”的一分子后，终于一边决定不再沉默，一边感慨道：沉默的大多数是古往今来最大的一个弱势群体。

一般说来，大多数人的看法会形成对某事件的“意见气候”，一旦某种看法成了“气候”，那就相当了得了。持有这种看法的人就因为占据了“主流”，会有很强的心理优势，遇到合适的场合就愿意把自己的主张大声嚷嚷出来；而持不同意见的人发现只有少数人跟自己在一个“战壕”里、势单力薄，在公开场合下因担心被孤立而更倾向于不表达自己的看法，也就是保持沉默。殊不知，越沉默、说话的人越少，形成“气候”、占据主流的可能性就越小。其实，占据主流的言论未必是真理，而看似“不入流”的言论有时候也并非真的不入流。有句老话说得好“有理不在声高”，可见重要的不是声音的大小，而是在理不在理。再说了，如果保持沉默的人都能把自己的观点亮出来，汇聚在一起的声音就会越来越大，盖过原有的主流意见也不是不可能。这么看来，除非打定了主意沉默一辈子，否则，该说话时就说话，只要说的是良心话、真心话，少一点儿顾忌、多一点儿勇气，毕竟邪不压正，这个世界还是正直的人多。没准，咱也能说出个“气壮山河”呢！

2014年12月15日在《解放军报》上发表的一则新闻，题目是《当好思想阵地的忠诚守望者——江苏省军区引导党员干部爱党、忧党、兴党、护党的调查与思考》。说的是，某地方报社编辑通过微博在互联网上发表了反党、反社会主义和恶意攻击党的领导的错误言论。某预备役师宣保科科长罗晓发现这一情况后，立即致电该报社及其主管单位，以一名党员的身份反映情况，并要求对这名编辑的所作所为做出严肃处理。罗晓所在党委领导知道此事后，高度评价罗晓强烈的党员意识，号召党员干部向他学习，争当一名具有高度政治责任感的共产党员，绝不能看着自己的党被人恶意攻击、肆意抹黑而无动于衷，任何时候都要敢于理直气壮讲真理。

还有一件事，同样发生在《解放军报》上。2016年7月4日，一张解放军战士身着泥衣在湖北省黄梅县太白湖大堤救灾现场吃馒头的照片引发了争议。有人说，抗洪救灾的后勤保障怎么还这水平？还有媒体没有进行调查，就开始对军队的后勤工作横加批判。一时间，舆论出现“一边倒”的态势。在舆论的风口浪尖上，《解放军报》在细致调查的基础上，将救灾解放军战士啃馒头的真相公之于众。原来，解放军战士为保护群众生命财产安全不顾个人安危，连续奋战在抢险一线，感动了当地老百姓。老百姓自发给官兵们送来一大袋馒头和矿泉水，满怀心疼劝他们停下来吃口饭。解放军啃馒头，不是我们国家抗洪救灾的后勤保障能力差，而是反映了军民鱼水情。了解到真相后，很多人都深受触动。

两则故事从不同的角度告诉我们，党员领导干部必须对歪风邪气进行抨击和斗争。

“城门失火，殃及池鱼”的故事大家都听过。照理说，城门和城外池塘的鱼并没有任何关系，二者甚至连“同为生物”这么低的标准都够不着。哪承想，一场意外的大火让城门和池鱼来了次“亲密接触”，城门的灰烬中由此便隐隐飘出丝丝烤鱼的香味。故事所说的道理大家都明白，可一遇到实际问题，人们就立马把这个道理抛到脑后，只要觉得跟自己没关系的事情，就采取不评论、不出手、只围观的态度，把事不关己的“灯笼”挂得高高的，心甘情愿地沉默着，心里安慰着自己，犯不着为了一个八竿子打不着的人着急上火。只看眼下的话，这种做法或许不失为明哲保身的上上策，是保护自己的最好办法。可长远来看，却是出卖自身利益的愚蠢之举。如果没有人站出来对随便“扣帽子、甩棍子”的做法说说话，实际上是在助长这种社会心态，结果，社会心态、社会风气就会“受伤”。社会风气是我们生存的“精神空气”，每天都呼吸着病态的空气，谁又能保证自己的身体永远健康?

在日常生活中，一些党员干部在党不言党、在党不忧党、在党不为党已经不是什么新鲜事了。尤其是随着微博、微信等新媒体的出现，人们表达自己观点和见解的途径更加便捷，人人成为“自媒体”，人们接受信息的数量骤增。凡事都各有利弊，风云涌动伴随着暗礁潜流。在微博、微信朋友圈上，诋毁我们党的形象的言论也是不少。然而，一部分党员不仅不能拍案而起，反而对此津津乐道，热衷于传播、评价这些言论。他们认为这样的事情与自己并无关系，足以说明这些党员对党的感情是多么淡漠。

（二）无惧邪恶敢挺身

循规蹈矩、按既定程序办好分内的事，是一种担当。没有政策法律依据或者需要得罪人，但又不得不办、非办不可，更是一种担当。在严重危害群众利益的恶势力面前，党员领导干部要敢于碰硬、不惧邪恶。

2004年4月17日，河南登封，万人空巷。14万名登封市民站在少林大道两侧，“长霞你别走”的哀哭声、挽幛如潮，泪飞如雨。登封市民用这种方式送登封市公安局局长任长霞最后一程。任长霞在侦破“1·30”案件途中遭遇车祸因公殉职，年仅40岁。任长霞的丈夫为结婚18载却聚少离多的妻子写的挽诗《长霞，你别走》中有这样一段：

长霞你别走
登封市六十万的老百姓
还在盼着他们的任青天
为他们所关心的事
操劳奔走

任长霞到登封，仅仅3年的时间。是什么使得任长霞在3年时间内就能得到百姓的如此拥戴？答案或许有很多，但是面对歪风邪气敢于碰硬、敢抓敢管，扭转了登封的社会风气，给人民带来清正之气，一定是原因之一。

这也是任长霞选择当一名人民警察的初衷！

2001年，37岁的任长霞调任登封市公安局局长，成为河南省公安系统有史以来的第一位公安局女局长。人们私底下纷纷议论，猜测任长霞的“后台”究竟是谁，竟能年纪轻轻地当上公安局局长。但是，当人们了解任长霞的赫赫战功后，立马都闭了嘴：1998年任长霞担任郑州市局技侦支队队长后，多次深入虎穴，化装侦查，亲自抓获了中原第一盗窃高档轿车主犯，先后打掉了7个涉黑团伙，抓获犯罪嫌疑人370多名，黑恶势力听到她的名字就紧张害怕。人们亲切地称任长霞为“警界女神警”。

顶着这样的光环，任长霞来到了登封市公安局。等待她的局面是：民警队伍涣散、积案堆积如山、群众怨声不断，登封市公安局的行风评议年年倒数第一。公安局在当地老百姓心目中威信很低，老百姓嘲讽地说他们的公安局是吃干饭的“粮食局”。这种情形让任长霞很痛心，她决定在尽可能短的时间内扭转这种局面。在听取多方意见后，她决定先从整治公安局内部风气开始，这是开展好一切工作的基础，“要治安，先治警”。于是，任长霞“新官上任三把火”，每把“火”都烧向公安局多年难改的积习。第一把火，任长霞处理了15名有违法违纪行为的民警，根据所犯错误的大小或开除或辞退；第二把火，任长霞在全局推行人事制度改革，打破论资排辈的惯性思维，提拔了一大批年轻有为的民警走上重要岗位；第三把火，烧得就有点儿“邪门”了，任长霞规定每天早上7点，不用执勤的民警和她一起出操跑步，一天5公里，风雨无阻。三把火烧下来，公安局的风气焕然一新，民警们有了精气神，警风大正。

公安局内部的风气好了，任长霞带领着民警开始向社会上的歪风邪气宣战。

2001年4月23日，任长霞到登封才1个月，就收到了一封控诉信，信中列举了一个叫王松的人的累累罪行。更令人触目惊心的是，信的末尾是100多名村民的联合签名和血红的手印。任长霞的内心久久不能平静，有许多疑问需要弄清楚：这个王松究竟是何许人也？如果群众反映的情况属实，为什么他又能逍遥法外呢？

任长霞开始调查王松。提起王松，登封市无人不知，这是一个头顶优秀企业家、劳模等光环的黑恶势力头目。王松赚了钱后纠集家族成员和打手，在白沙湖一带横行乡里，使上百人受到伤害，7人丧命。哪怕是割麦时一身大汗，周围群众也不敢在湖水里洗澡，生怕王松手下又以禁止群众捕鱼虾的名义打人。了解到这些情况后，任长霞决定打掉王松黑恶势力团伙。

任长霞要抓王松，开始没人相信。人们以为，任长霞初来乍到，还不知道王松的厉害。为了取证，任长霞找到了某一受害人的父亲。没想到，受害人的父亲不相信任长霞能扳倒王松，害怕遭到王松的报复，就是不肯说出实情。直到任长霞第三次找到他，拍着胸脯斩钉截铁地说："王松，我抓！"老人终于相信了眼前这个小个子女人，哭着把冤情说了出来。

有了证据，任长霞决定动手。4月29日，王松手下的爪牙因参与作案被任长霞抓获。王松根本没有把这件事放在心上，企图以钱开路，打通关节，救出这几个弟兄。5月1日晚上，王松大摇大摆地来到任长霞办公室。任长霞与王松正面交锋了，虽然两人都很平静，但空气中弥漫着剑拔弩张的紧张气氛。王松随手甩出一沓钱放在桌子上说："手下人捅了娄子，请任局长高抬贵手，网开一面。”任长霞严词拒绝：“不但你手下人涉嫌犯罪了，而且你也涉嫌犯罪了。”说完，任长霞一拍桌子，早已守候在外面的民警听到这个信号以后，立刻冲进来把王松抓住了。

紧接着，王松团伙的65名帮凶全部落网。王松伏法创下河南公安史上多个第一，并被列为2001年中国十大涉黑案件之一。压在登封市老百姓头上的阴霾终于被驱散了，登封市老百姓自发唱了三天大戏。

看到任长霞对王松这样的恶霸都敢动手，老百姓有了主心骨。一天，一位老先生来到公安局。他说有情况要反映，但只能亲自跟任局长说。在任长霞的办公室里，老先生一见到她，就激动地说：“任局长，我这个线索在心里憋了11年，我一直跟谁都没有说，你到登封以来，给老百姓做了那么多事，我觉得我不说对不起你。”听完老先生提供的线索，从事警务工作多年的任长霞也无法按捺住内心的激动。原来，11年前，在登封发生了一起奸杀两名少女的命案，一直都无法破案。受害者家属一直在申诉，甚至还把状纸递到了北京。任长霞到任后，其中一名受害者的家属声泪俱下地请求任长霞能将坏人绳之以法，任长霞也跟着掉了眼泪。之后，任长霞一直在搜集相关线索却进展甚微。老先生是这桩命案的唯一知情者，他的到来使得这桩沉积了11年的命案终于得到破获。如果没有任长霞敢于向歪风邪气亮剑从而带来社会风气的为之一新，这位老先生恐怕就要带着这个秘密离开人世了。

任长霞在登封资助过一个名叫杨风阁的13岁男孩。在男孩写给任长霞的信中有这样一段话："您刚上任就提出'刑、车、钱、枪、酒、赌、毒、色、抗、网'的十字警训，向民警提出'跟我干，向我学，对我监督'的三句话，表示出您的一身正气。"任长霞是这样说的，更是这样做的。

（三）威逼利诱不退缩

落第书生蒲松龄因《聊斋志异》而声名远播，蒲松龄的故乡——山东省淄博市淄川区也因他而小有名气。从古至今，那里都是一个风景优美的地方，因积淀、保留了大量文物古迹而变得格外有韵味。

就是淄川，也曾因盲目追求经济快速发展而付出过惨重的生态代价。这里的人民经历了环境污染之痛，在党和政府的带领下，展开了浴火重生般的污染治理工程。一首歌谣生动地反映了这一变化：从前是"黑乎乎的地，灰蒙蒙的天，脏水淌满臭河滩，噪声异味齐上阵"；现在是"绿油油的地，蓝莹莹的天，碧波荡漾绕淄川，空气清新净家园"。然而，实现从"黑乎乎""灰蒙蒙"到"绿油油""蓝莹莹"的转变谈何容易，关停每一家污染企业都意味着要动某些人的"奶酪"，都不可能是皆大欢喜的场面。争执、冲突、较量甚至动武几乎成为从事这项工作的人天天都要面对的常态。这样的工作状态，孟祥民泰然处之15年，直到生命结束的那一天。

1996年，孟祥民从部队转业后来到了淄博市淄川环保分局监察大队。环保工作最难最重的是执法，孟祥民干的就是执法。世纪之交是淄川环保矛盾最尖锐的时期，孟祥民就是这个时候调入环保队伍的。在工作岗位上，他15年如一日，在事关人民群众安全和利益的问题上不退缩、不变通、敢碰硬、善斗争，彰显了一名共产党员的卓然风范和浩然正气。

淄川区所在的淄博是一个老工业城市。近代中国的工矿业曾经有一段高速发展时期，淄博是工矿业开发较早的地区之一，分布着大量的老工矿区。20世纪80年代，依托丰富的矿产资源，在“有水快流”发展逻辑的指引下，淄川仿佛在一夜之间冒出了大大小小、不计其数的小钢铁企业、小化工企业和石灰窑。据不完全统计，高峰时期，仅淄川就有2000多家这样的“小散乱污”企业。一天24小时，全年无休，数以万计的烟囱把大量废气排到空气中，刺鼻的、各种颜色的污水未经处理肆意流入河道里。孝妇河被称为淄博的母亲河，全长135.9公里，在淄博市境内的流程就达77公里。“孝水澄清遗妇泽”，曾经的孝妇河不仅以凄美的传说为人所称道，更因清澄净沏而闻名。古书记载，发源于凤凰山南麓的灵泉庙的孝妇河清澈见底、“可鉴毛发”。然而，在排污企业的共同发力下，孝妇河水时而发红，时而发黄，成了五彩斑斓的“彩虹河”。河水散发的刺鼻的气味，让途经的人唯恐避之不及，昔日市民流连忘返的情形早已不在。河水变脏了，空气也变差了，漫天飞舞的粉尘严重影响了市民的生活。最严重的时候，这里的老百姓一年竟有300多天见不到蓝天。节能减排、环境保护成了这座城市面临的重大考验。

庆幸的是，当地政府及时发现这一问题并以壮士断腕的力度开始治理污染。粗放的发展方式被踩了刹车，企业要生存必须先过环保关。然而，在巨大的经济利益的驱使下，一些企业主仍然心存侥幸希望通过或软或硬的手段对抗环保执法，继续沿着旧路发展，因此双方的矛盾必然尖锐。孟祥民就是在环保执法最艰难的时期成为一名环保卫士的。

那时，一场场关停取缔“土小企业”的专项行动正在开展。孟祥民所在的环保局负责监管的企业达3000余家，占整个淄博市企业总数的1/3，孟祥民成为整治行动的主力。也许是军旅生涯对他的磨炼，孟祥民面对歪风邪气敢于碰硬，他的口头禅就是：想干好环保，自己首先得是条硬汉子！2004年，淄川分局任命孟祥民担任罗村镇站长。按理说，升官本是件高兴事，可孟祥民的同事都在暗暗为他担心。罗村镇是淄川辖区里的“硬骨头”，面积不大却分散着800座硫黄炉、300多座小石灰窑、20多家小炼铁厂、30多家石料粉碎厂，是淄川区污染最严重的区域。这些“土小企业”虽然规模不大，却是企业主的重要甚至是唯一收入来源，一旦关停，不仅意味着之前几十万、几百万元的投资打了水漂，还断了财路。为此，一些违法者不惜铤而走险，以暴抗法。局里安排他负责这里，也是考虑到孟祥民敢抓敢管、能够胜任。孟祥民的所作所为也确实证明局里的安排是正确的。一年夏天，在一次取缔污染小企业的行动中，孟祥民和同事遭遇了蛮横阻挠。要取缔的是一家小石灰窑，急红了眼的小石灰窑老板带着十几个人挡在大门口，手里拿着棍棒、砖头，对执法人员气势汹汹地喊道：“谁敢过来，就打死谁。”气氛异常紧张，千钧一发之际，孟祥民挺身而出，用手指着这群人手里的棍棒、砖头，严厉说道:“你们昧着良心做事，让周围的老百姓倒霉，这样的黑心钱，你们花得能安心吗？”违法者哪听得进去这些道理，不仅没有让开道路，还把棍棒举了起来。孟祥民早就看透他们的虚张声势，继续逼近他们，昂首挺胸：“哪个敢动手？”终究是邪不压正，违法业主最终在“不信邪”的孟祥民面前低了头，拆除了相关设施。

在一段时间里，这样的情形孟祥民经常遇到。尽管保密工作做得好，孟祥民的妻子还是从别人的口中大致了解到每天早出晚归的孟祥民都在忙些什么。她不仅担心丈夫的健康，更担心丈夫的安危。每天出门，妻子都要叮嘱孟祥民一番，“咱的身子可不是铁打的，你得学会保护自己啊！”孟祥民每次都要拍拍自己的胸脯，然后笑着出门。孟祥民说，其实，身体受伤我也觉得疼，被别人骂狠了我心里也气得慌。但是，关键时刻硬不起来，就无法执法。环境不改变，老百姓遭殃啊！

在大家的共同努力下，淄川的环境慢慢好起来，孟祥民他们始终绷着的神经却没有因此放松。2009年4月，淄川污水处理厂连续几天进水超标。孟祥民敏感地意识到，一定是什么地方出了问题。为查明原因，孟祥民带领夜查组，顺着管线逐一排查。一天晚上，正在巡查途中，孟祥民等人看到一辆罐车趁着夜色开进了一个院子，车一进去，院门就赶紧关了起来。孟祥民立即意识到这辆罐车有问题。他绕着院子侦察了一圈，二话没话，纵身翻上2米高的院墙。院子里的情形，仍让早有心理准备的孟祥民吓了一跳：有人正在把罐车拉的废水排进院子里的观察井中。孟祥民一边大吼着让同事报警，一边跳进院子里。从天而降的孟祥民把院子里的人也吓了一跳。等反应过来，违法人员立马围了上来对孟祥民进行恐吓。一看没什么效果，违法人员将关在笼子里的狗放了出来。孟祥民躲闪不及，小腿被狗咬得鲜血直流。但他毫不退缩，继续与违法者斗争。警方随后赶到，将违法排污者绳之以法。

当然，孟祥民遇到的也不全是“威逼”，常有企业主拿着大把的钱来“利诱”孟祥民以寻求“照顾”。不管认不认识，孟祥民全都拒绝了，甚至连自己媒人的面子都不给。2007年，一家织布厂因染色环节排污超标被列入整治对象行列。织布厂老板是孟祥民夫妇的媒人，两家素日里关系非常好。所以，织布厂老板没把这事放在心上，认为跟孟祥民私底下沟通沟通这事就过去了。一天，织布厂老板两口子到孟祥民家串门，寒暄几句后，老板掏出2000元试图塞给孟祥民，孟祥民坚决不收。之后，老板还接二连三试着给孟祥民钱，都被拒绝了。

渐渐地，淄川的天开始变蓝，水开始变清。孟祥民的身体却越来越差。长年早出晚归、在外奔波，不规律、高强度的生活摧残了孟祥民的身体。2008年8月，孟祥民被确诊患上了结肠癌。当时正在如火如荼地开展专项整治活动，孟祥民把诊断书塞进口袋，一头扎进工作。那段时间，他一直用喝香油的偏方来润肠通便。同事们看着奇怪，却不知道他已经重病在身。孟祥民忍着病痛和巨大的精神压力，以坚强的毅力带领着同事们先后关停取缔小砖瓦厂124家、小炼铁厂21家、小石灰窑292家。之后的岁月里，孟祥民克服常人难以想象的困难，经历22次化疗。而他除去住院治疗时间，全都坚守在岗位上。2011年春节刚过，孟祥民病情恶化。弥留之际，他唯一的愿望是，再穿一穿那身环保执法监察的蓝色制服。

今天的淄川，生态环境有了明显好转。2016年，空气质量良好天数和“蓝天白云、繁星闪烁”天数分别达到183天、225天，空气质量综合指数改善幅度列全山东省第一。

第三部分

大担当须具备的素质

2021年7月1日，天安门广场花团锦簇，100面红旗迎风招展，高7.1米、宽7.1米的中国共产党党徽和“1921”“2021”字标格外醒目。各界代表7万余人以盛大仪式欢庆中国共产党百年华诞。

在这一重大而庄严的大会上，习近平总书记代表党中央向全体中国共产党员发出号召：“牢记初心使命，坚定理想信念，践行党的宗旨，永远保持同人民群众的血肉联系，始终同人民想在一起、干在一起，风雨同舟、同甘共苦，继续为实现人民对美好生活的向往不懈努力，努力为党和人民争取更大光荣！”①

这是党对每一名共产党员的要求，需要去践行、去担当。责重山岳，能者方可担当。担当背后是信念，是品格，是境界，是

① 习近平：《在庆祝中国共产党成立100周年大会上的讲话》，人民出版社2021年版，第22页。

勇气，是能力。共产党人要担当起历史的重任、人民的重托，必须锤炼党性、砥砺意志、修养品格、增强才干，才会有敢于担当的自觉、善于担当的能力。

一、坚如磐石的信念

历史反复证明，没有坚强意志和坚定信仰的人是担当不了重任的。信念坚定不移、意志坚如磐石是中国共产党人的品格。

（一）精神有“钙”才胆大

《孔雀东南飞》是中国文学史上第一部长篇叙事诗，与《木兰诗》并称为“乐府双璧”。诗中刘兰芝和焦仲卿之间凄美的爱情故事流传至今。刘兰芝被休回家，与焦仲卿分手前，依依惜别、信誓旦旦，“君当作磐石，妾当作蒲苇。蒲苇纫如丝，磐石无转移”。故事的结尾，刘兰芝用“揽裙脱丝履，举身赴清池”捍卫了自己如磐石般的爱情，焦仲卿也“徘徊庭树下，自挂东南枝”。

磐石，一般指厚而大的石头。从古至今，都被用来比喻坚定不移的信念。用磐石比喻信念，是因为二者的共同点：厚重、深沉、坚不可摧、坚定不移。信念因其厚重和深沉，对一个人能产生意想不到的推动作用，使其能为常人所不能为。是什么使刘兰芝和焦仲卿放弃鲜活美好的生命毅然赴死？是他们对爱情的坚守，是不离不弃的信念。克罗地亚足球名将伊万·克拉什尼奇在做过两次换肾手术后仍出现在欧洲杯的绿茵场上，他的精彩表现将原本紧张的赛场气氛推向高潮。有记者问他为什么能坚持一直跑下去，克拉什尼奇的回答只有两个字：信念。他说，在欧洲杯上进球是他一辈子的理想，是他一辈子秉持的信念。这就是信念的伟大力量。美国在精神学方面蜚声国际的领军人物布鲁斯·利普顿专门写书从科学的角度论述过信念的重要作用。在他的著作《信念的力量》里，利普顿以生物和量子力学的研究为基础，破译生命密码，为全世界提供了信念打败DNA的科学实证。该书一经面世，立刻荣登各大书店畅销书排行榜，并荣获美国USA Book News科学著作奖。哥伦比亚大学名誉教授、《奇迹与现实》的作者李·普洛斯博士对此书给予了高度评价：以出色的胆识和见地，以厚实的证据，从量子生物学的角度驳斥了基因决定论——准确地说，是基因受害论。布鲁斯·利普顿博士以坚定的科学信念向读者传达信息，赋予力量，使读者认识到，信念创造个人现实的一切方面，引人入胜，发人深思！

共产党员要担当，必须具有坚如磐石的信念。党的十八届六中全会通过的《关于新形势下党内政治生活的若干准则》明确指出："共产主义远大理想和中国特色社会主义共同理想，是中国共产党人的精神支柱和政治灵魂，也是保持党的团结统一的思想基础。必须高度重视思想政治建设，把坚定理想信念作为开展党内政治生活的首要任务。"[①]共产党人的理想信念是什么？共产党人的理想信念就是我们的初心，就是坚持马克思主义理论和追求共产主义信仰，就是为中国人民谋幸福，为中华民族谋复兴。这是共产党人的立身之本、力量之源、正气之魂。

正如习近平所说："坚定理想信念，坚守共产党人精神追求，始终是共产党人安身立命的根本。对马克思主义的信仰，对社会主义和共产主义的信念，是共产党人的政治灵魂，是共产党人经受住任何考验的精神支柱。形象地说，理想信念就是共产党人精神上的'钙'，没有理想信念，理想信念不坚定，精神上就会'缺钙'，就会得'软骨病'。"[②]理想信念的坚守与倒塌，是区别一个共产党员是否真正在思想上入党的最重要的标志。理想信念的滑坡是最致命的滑坡。苏共亡党就是一个无比恰当、充满悲凉色彩的例子。1991年8月24日，原本普通的一天发生了20世纪极具震撼力的事件。时任苏共中央总书记戈尔巴乔夫宣布了一个让世界震惊的消息：苏共中央委员会自行解散。这意味着，

① 《〈关于新形势下党内政治生活的若干准则〉〈中国共产党党内监督条例〉辅导读本》，人民出版社2016年版，第20、21页。

② 《习近平谈治国理政》（第一卷），外文出版社2018年版，第15页。

一个拥有90多年历史、连续执政70多年、党员数量近2000万的大党老党轰然垮台。4个月后，经历了血雨腥风、见证了社会主义运动高潮的苏维埃社会主义联盟——苏联也走到了历史的尽头。戈尔巴乔夫用12分钟读完了《告苏联同胞书》，为存在了70年的苏联画上了一个悲凉的句号。大量学者投入到对苏共垮台原因的研究之中。有从经济角度解释的，有从民族问题入手的，也有人说是由于苏联经济停滞不前，又有人把罪魁祸首归结为苏联在阿富汗用兵的失败，还有人指责是戈尔巴乔夫“出卖”了苏联共产党。各种说法，不一而足。但苏联共产党员丧失理想信念、放弃共产主义信仰绝对是重要原因。1991年，罗伊·麦德维杰夫出任苏联最高苏维埃代表、苏共中央委员，见证了苏联共产党被解散的全过程。10年后，他将自己在那个阶段的经历和思考记录了下来，写了《苏联的最后一年》一书。书中，作者痛心地说道：“在几十年的发展过程中，苏共尽管在队伍人数上不断壮大，但是正统思想的影响力却日趋减弱，党的威信不断下降。苏共依然是国家的承重结构，但是缺少强大而权威的思想后盾，它难以承受原有的和不断增加的新负荷。裂痕逐步加深，于是在瞬间整个承重结构便突然倒塌。”[①]提及此事，习近平曾不无痛心地感慨道：“十四万人齐解甲，竟无一人是男儿。”

① 罗伊·麦德维杰夫：《苏联的最后一年》，社会科学文献出版社2005年版，第205页。

（二）信念不倒才无畏

坚定的理想信念既是人生价值所在，又是克服千难万险乃至牺牲生命的强大动力基石。人的一生会遇到数不清的艰难险阻、利诱威逼，没有坚如磐石的信念支撑是无法渡过一个个险滩的，更遑论担当？软硬之间、清浊之间、荣辱之间，看得见的是那些对待金钱、女色、贪欲以至生死的所作所为，看不见的是决定人的言行的“总开关”——理想信念。党的历史反复证明，如果一个人精神缺钙，则其骨头必然不够硬，骨头不硬则行不正、坐不直，直至百病可侵。一个共产党员动摇了党的理想信念，就会政治上变质、经济上贪婪、道德上堕落、生活上腐化，就会出这样那样的问题。没有坚强意志和坚定信仰的人是担当不了重任的。信念坚定不移，意志坚如磐石是中国共产党人的品格。从井冈山精神、伟大长征精神、延安精神、红岩精神、大庆精神到“两弹一星”精神、改革开放精神、抗洪精神、抗震救灾精神……都是共产党员坚定信念在特定环境中的具象和外化。对共产党人来说，坚定马克思主义信仰、坚定共产主义和中国特色社会主义信念，始终是安身立命之本，也是敢于担当的政治定力之基。

1931年11月，我们党召开了在党史上具有重要意义的会议——中华苏维埃第一次全国代表大会。大会在江西瑞金叶坪村召开。这次会议选举产生了同国民党政权性质不同的工农民主专政的新型政权——中华苏维埃共和国临时中央政府。

随后的几年，苏区发生了翻天覆地的变化。作为中国共产党正式执政前的一次伟大“预演”，中华苏维埃共和国在毫无执政经验的情况下打造了精干、廉洁、高效的政府。苏区饱受压迫和剥削的劳苦大众深刻地体会到共产党员是一群什么样的人、他们抛家舍业地闹革命是为了什么。朴实的老百姓讲不出什么大道理，便用一首至今仍在传唱的歌谣表达了对共产党员的夸赞：“苏区干部好作风，自带干粮去办公；日穿草鞋干革命，夜走山路打灯笼。”

民谣中“自带干粮去办公”说的是江西省苏维埃政府主席、共产党员刘启耀。他是江西土生土长的农民，从小苦出身的刘启耀从13岁开始就靠打零工、扛长活维持生计，一年干到头，还是衣不蔽体、食不果腹。1926年，工农革命运动在刘启耀的家乡迅速兴起，已经27岁的刘启耀立刻找到党组织，参加了农民协会。之后，刘启耀积极投身反对地主、高利债和减租减息运动中，并迅速成为骨干力量。1927年，国共第一次合作宣告失败，共产党员遭到残酷的屠杀。“白色恐怖”之下，刘启耀参加革命的决心不仅丝毫没有动摇，反而更加积极地投身革命。由于刘启耀的出色表现，1928年他光荣地加入了中国共产党。1931年11月，刘启耀参加了江西苏区第一次党代会，当选为省委常委。1933年12月，刘启耀被选举为江西省苏维埃政府主席。

为了干好革命，刘启耀做出了巨大牺牲，克服了很多困难。1934年年初，苏区的粮食供应非常紧张，刘启耀在一次大会上宣布：从4月份开始自带粮食办公直到反“围剿”取得胜利。为了当好省苏主席，刘启耀抓紧一切时间学习文化知识，一边工作一边识字。瞿秋白知道刘启耀勤奋学习的事情后，还曾经专门讲起，江西省苏维埃政府主席刘启耀，他是一个长工，20多岁还是一个字不识的，然而3年的苏维埃革命中，他努力学习，甚至晚上不睡觉。

最能体现刘启耀坚如磐石的革命意志的，还要数第五次反“围剿”失败后发生的事情。当时，中华苏维埃共和国被国民政府视为武装叛乱割据政权。在“左”倾错误路线的指导下，第五次反“围剿”失败，中央主力红军被迫放弃苏区开始长征，苏区陷入敌人的疯狂清洗中。仍坚守在苏区的刘启耀自然成为国民党大清洗的重要目标。刘启耀带领队伍与敌人展开游击战，苦战数月，最终因寡不敌众被敌人占领我党在江西军区的最后阵地。刘启耀身负重伤，昏死在枪林弹雨的战场上。眼看敌人的火力越来越猛，就要支撑不下去了，为了保护一息尚存的刘启耀，刘启耀的哥哥刘国龙解下刘启耀的皮带，拿过他的手枪和党证，穿上他的外衣，伪装成刘启耀的样子，然后把刘启耀推到了死人堆里，自己却牺牲在战场上。就这样，假的刘启耀牺牲了，真的刘启耀活了下来。敌人以为击毙了赫赫有名的江西省苏维埃政府主席，在大报小报上大肆吹嘘，连我们党也误以为刘启耀已经牺牲了。

深夜，刺骨的寒风把昏迷的刘启耀冻醒。他强忍着钻心的疼痛，爬过累累尸体，爬到深山处的一个隐蔽的山洞里，艰难而又坚定。劫后余生的刘启耀之所以急着去这个山洞，是因为他之前把党的经费藏在了这里。原来，早就预料到会与敌人有一场恶战的刘启耀，为防止党的经费落入敌手，提前把金条、首饰和银圆这些大家凑上来的经费藏在了一个破旧的褡裢里，并把褡裢藏在山洞的一堆乱石底下。看到褡裢还在，刘启耀悬着的心终于放了下来。

此时的刘启耀与部队已失去联系，他的家也成为敌人特别监视的地方。与组织失去联系、有家不能回的刘启耀在山洞里住了半年多，饿了就在附近找点儿能吃的东西充饥，冷了就把树叶杂草盖在自己身上。夜深人静的时候，刘启耀常常一个人坐在山顶上，望着远方，想着党组织和自己尚未完成的使命。终于，刘启耀养好了伤，无比激动地带着巨款下山去找党组织。一下山，刘启耀就听说了一个惊人的消息：江西省苏维埃政府主席刘启耀已经被国民党军队击毙了！

被敌我双方都认定已不在人世且身藏巨款的刘启耀，此时完全可以选择另一种人生——远离江西、隐姓埋名，这笔巨款足以给他提供富足的生活。然而，刘启耀有坚定的信仰和立场。他宁愿去乞讨，也不去动这笔巨款的一分一毫。于是，刘启耀穿着破破烂烂的衣服，手拿打狗棒，装扮成乞丐的样子一边乞讨、一边寻找党组织，还秘密串联散落在遂、万一带的同志。谁也想不到，这个风餐露宿、衣衫褴褛、形容憔悴的乞丐竟是江西省苏维埃主席，更想不到这个乞丐还腰缠万贯。1937年年初，刘启耀在泰和县马家洲召集一批苏区领导干部开会，会上决定成立临时中共江西省委。此时，刘启耀郑重地将他珍藏了2年的金银拿了出来，作为省委办公费用，在场的同志无不感动。这期间，刘启耀的家庭被他牵连发生了巨大的变故，刘启耀也十分想念妻儿老小，但“死人”是不能复活的，他只能将这份牵挂深深地压在心底。他的妻子谢招娇受尽了各种酷刑，最后身体残疾只能靠乞讨度日。4岁的女儿刘文香也被送给了别人，儿子小小年纪就用瘦弱的肩膀支撑起了这个风雨飘摇、历经苦难的家。身负重伤、一个人藏匿在山洞时，刘启耀没有哭。听到家里的情况后，刘启耀流下了眼泪。

之后的岁月，刘启耀依然坚定地进行革命活动，曾三次被捕入狱仍不屈不挠。革命进入艰难时期，刘启耀被迫转入地下工作，平日做小生意打掩护。在这种情况下，刘启耀还不忘发展党组织，先后建立了14个区委，发展了250余名党员。1942年，长年贫困、高强度的生活状态拖垮了刘启耀的身体。吃了上顿没下顿的他哪里还有钱看病。1946年1月，刘启耀走到了生命的尽头。年仅47岁的刘启耀在贫病交加中离开了人世，没能等到新中国国旗升起的那一天。纵观刘启耀的一生，从他加入革命队伍那天起，为共产主义事业而奋斗的理想信念就已融入了他的血脉，化为他的自觉行动。所以，他才能坦然面对巨款的考验，才能忍受抛妻弃子的苦难，才能面对敌人的严刑拷打矢志不渝，才能担当起党交给他的工作，不计报酬、不惜赴死。

（三）抛弃小我才骨硬

每一名共产党员在加入党组织之际，都要面对党旗立下誓言：“为共产主义奋斗终身，随时准备为党和人民牺牲一切，永不叛党。”短短几句话，字数不多，说出来也很容易，从誓言转化为行动却并非易事。毛泽东在《湖南农民运动考察报告》中这样写道：“革命不是请客吃饭，不是做文章，不是绘画绣花，不能那样雅致，那样从容不迫，文质彬彬，那样温良恭俭让。革命是暴动，是一个阶级推翻一个阶级的暴烈的行动。”[①]既然是一个阶级推翻一个阶级的暴烈的行动，就会有流血、有牺牲。在面对革命大业和舐犊情深时，孰轻孰重？当担当使命、坚守信仰与舒适安稳、花好月圆不能兼得时，如何抉择？这些问题是辨

---

① 毛泽东：《湖南农民运动考察报告》，《毛泽东选集》（第一卷），人民出版社1991年版，第17页。

别真假党员的“试金石”。和平时期，流血牺牲的事情少了，但也存在小家与大家、局部与全局、个人发展与宏伟目标之间的矛盾和冲突。能否正确处理这些矛盾，直接关系到我们党在人民心目中的形象和地位，关系到党的事业的健康发展。其中，是否拥有坚强的意志和革命必胜的信念，是抉择天平上的一粒重要砝码。

革命烈士为义舍身，但“铁骨头”也有七情六欲。烈士们大都有着丰富的情感世界，他们热爱生活、眷恋亲人。共产党人如何对待自己的七情六欲，尤其是需要在私人生活与革命大义之间做出选择的时候，取舍却有天壤之别。从下面这对夫妻的故事中，我们或许能找寻到答案。

陈觉和赵云霄，一个是湖南人，一个是河北人。1925年冬，两人受党的派遣到莫斯科东方大学学习。那一年，陈觉22岁，赵云霄年仅19岁。两个人在学习中互相帮助，日久生情，结为夫妻。

1927年，两人一起回国，到湖南参加革命工作。1928年夏天，此时的赵云霄已怀有身孕，夫妻二人还在终日为革命奔波。因工作需要，陈觉被派往常德组织湘西特委，赵云霄因有身孕继续留在长沙，负责联系各地。同年9月，由于叛徒出卖，赵云霄被抓进陆军监狱署。任敌人如何威逼利诱，赵云霄也绝不吐露一个字。

10月的一天，刚刚遭受敌人酷刑的赵云霄半躺在牢房的地上。她抚摩着已经显怀的肚子，脸上浮现出母性的光辉。赵云霄在跟肚子里的小宝宝对话："刚才的折磨，让宝宝疼了吧，妈能扛住，妈妈不疼，宝宝还没有来到人世，就跟着妈妈受刑，爸妈不应该要你，对不起你呀。"这时，监狱的铁门被打开了，一个衣衫褴褛、满身血污的年轻人被押了进来。男女牢房的难友们都关切地注视着这个新来的同志。突然，赵云霄硬拖着身子从牢房的地上爬了起来，原来她发现，被关进来的这个人正是她日思夜想的丈夫陈觉。久别重逢，却是在监狱里，赵云霄说不清楚是喜还是悲。她一边喊着丈夫的名字，一边踉踉跄跄地走到铁栏杆前。两双手隔着冰冷的铁栏杆紧紧握在一起，陈觉、赵云霄泪如雨下。

赵云霄："觉，真的是你，觉，是你吗？"

陈觉："云，是我，是我。"

赵云霄："怎么是你？你不是在……"陈觉急忙捂住赵云霄的嘴。

赵云霄望着丈夫，心疼地说："被他们打成这个样子……"

陈觉愤懑地说："你不也是嘛，这帮畜生！"陈觉上下打量着妻子，目光突然停在赵云霄微隆的肚子上，"你，你的肚子？"赵云霄点点头："你要当爸爸了！"陈觉蹲下身来，隔着铁栏把脸贴在妻子的肚子上，眼泪像断了线的珠子打湿了赵云霄的衣服，"真是难为你了，难为孩子了。"

那一晚，被分别关押在两个牢房的陈觉和赵云霄都无法安然入睡。两个人思绪如潮涌，他们想起加入中国共产党的那一天，也在想象着腹中孩子的未来。尚未出生的孩子需要父母的呵护，党的事业需要无数忠诚的战士去铸就。孰轻孰重，其实在两人入党那天就已经有了答案。

国民党特务深知陈觉夫妇两人的重要性，想尽一切办法撬开两人的嘴，还专门找到陈觉父亲的好友来做说客。陈觉的父母也在外面疏通各种关系，想把他们夫妻二人救出来。国民党的要求只有一个：只要他们两个招了，立刻放他们出去。可无论怎样，都无法撬开陈觉、赵云霄的嘴。一无所获的敌人恼羞成怒，最终以“策划暴动，图谋不轨”的罪名，判处陈觉、赵云霄死刑。陈觉、赵云霄早就做好了牺牲的准备，但赵云霄希望能把肚子里的孩子生下来，在三四个医生屡次检查后，敌人勉强同意对赵云霄的死刑缓期执行。

10月14日，陈觉与其他同志一起被押往刑场。面对刽子手的屠刀，烈士们放声高唱：“为了庄严的共产主义事业，我们愿——愿流尽最后一滴血。”嘹亮的歌声，让杀人如麻的刽子手为之颤抖。一阵枪声响过，陈觉壮烈牺牲，年仅25岁。

监狱中的赵云霄悲痛欲绝，恨不能与丈夫共赴黄泉。赵云霄一遍遍读着丈夫临刑前写给自己的信：

云霄我的爱妻：

这是我给你的最后的信了，我即日便要处死了。你已有身，不可因我死而过于悲伤。他日无论生男或生女，我的父母会来抚养他的。我的作品以及我的衣物，你可以选择一些给他留作纪念。

你也迟早不免于死，我已请求父亲把我俩合葬。以前我们都不相信有鬼，现在则唯愿有鬼。“在天愿为比翼鸟，在地愿为并蒂莲，夫妻恩爱永，世世缔良缘。”回忆我俩在苏联求学时，互相切磋，互相勉励，课余时闲谈琐事，共话桑麻，假期中或滑冰或避暑，或旅行或游历，形影相随。及去年返国后，你路过家门而不入，与我一路南下，共同工作。你在事业上、学业上所给我的帮助，是比任何教师任何同志都要大的，尤其是前年我病，本已病入膏肓，自度必为异国之鬼，而幸得你的殷勤看护，日夜不离，始得转危为安。那时若死，可说是轻于鸿毛，知今之死，则重于泰山了。

前日，父亲来看我时，还在设法营救我们，其诚是可感的，但我们宁愿玉碎却不愿瓦全。父母为我费了多少苦心，才使我成人，尤其我那慈爱的母亲，我当年是瞒了她出国的。我的妹妹时常写信告诉我，母亲天天为了惦念她的远在异国的爱儿流泪。我现在也懊悔此次在家乡工作时，竟不曾去见她老人家一面。到如今已是死生永别了，前日父亲来时我还活着，而他日来时只能看到他的爱儿的尸体了。我想起了我死后父母的悲伤，我也不觉流泪了。云！谁无父母，谁无儿女，谁无情人！我们正是为了救助全中国人民的父母和妻儿，所以牺牲了自己的一切。我们虽然是死了，但我们的遗志自有未死的同志来完成，“大丈夫不成功便成仁”，死又何憾！

此祝

健康！并问王同志好！

觉 手书

一九二八年十月十日

正如陈觉信中所言，“谁无父母，谁无儿女，谁无情人！”烈士们也是有血有肉、有亲人有感情的活生生的人。只不过，在他们心目中，“救助全中国人民的父母和妻儿”比照顾自己的父母和妻儿更重。赵云霄懂自己的丈夫。

4个月后，农历新年第二天，赵云霄在牢房里生下一个女婴。虽然身处暗无天日的牢房，虽然即将赴死，赵云霄却给孩子起了一个充满希望的名字：启明。她希望孩子能看到他们为之奋斗的新社会。在与孩子共同生活的短短一个多月里，赵云霄尽一个母亲所能照顾着这个羸弱的、不幸的孩子。她日夜把孩子抱在怀里，因为她明白，属于她们母女俩的时间不多了。

果不其然，赵云霄接到了死刑判决书，小启明此时还不足两个月。赵云霄彻夜难眠。她把小启明抱在怀里亲了又亲，看着女儿的小脸，赵云霄的眼泪像断了线的珠子。在昏暗的油灯下，赵云霄把对女儿浓浓的爱化成一封信：

小宝宝：

你是民国十八年正月初二日生的，但你的母亲在你才有一月有（又）十几天的时候便与你永别了。小宝贝！我很明白地告诉你，你的父母是共产党员，你的父母（亲），你是再不能看到，而（且）也没有相片给你，你父亲在牢中给我的信及作品，你要好好的（地）保存。小宝宝，你的母亲不能多说了。血泪而成。望你好好长大成人，且好好读书，才不（辜）负你父母的期望。

3天后，赵云霄英勇就义，时年23岁。他们的女儿启明，被陈觉的父亲接走抚养。体弱多病的启明4岁夭折，没有等到新中国的到来。

90多年过去了，当年陈觉写给赵云霄的信和赵云霄写给女儿的信，如今静静地陈列在中国人民革命军事博物馆中。每天数以万计的观众站在展柜前，虽然英雄已逝，人们仍能感受到先辈为革命事业牺牲一切的献身精神和革命气概，并为之唏嘘不已。

二、舍我其谁的气魄

改革的路上不可能一帆风顺，会遇到许多未破解的难题。正如习近平所言：“容易的、皆大欢喜的改革已经完成了，好吃的肉都吃掉了，剩下的都是难啃的硬骨头。”改革之敏感、复杂、艰巨程度前所未有，考验着改革者的勇气、智慧与担当。面对责任和危难，是退避三舍、推三阻四，还是迎难而上、舍我其谁，考验着党员的担当精神，决定了党的事业的成败。

（一）我不来担谁来担

2017年，习近平对广大知识分子提出殷殷希望：“我国广大知识分子要以时不我待的紧迫感、舍我其谁的责任感，主动担当，积极作为，刻苦钻研，勤奋工作，为全面建成小康社会、建设世界科技强国作出更大贡献。”[①]总书记之所以会这样说，是因为我国的科技发展水平正处于领跑、并跑和跟跑并存的胶着状

① 《我国广大知识分子要主动担当积极作为　为国家富强民族振兴人民幸福多作贡献》，《人民日报》2017年3月5日，第1版。

态，许多新领域等待知识分子去开垦、探索，在这种情况下，舍我其谁的气魄尤为珍贵。

放眼改革事业全局，全面建成小康社会的目标已经实现，离建成富强民主文明和谐美丽的社会主义现代化强国只有不到30年的时间。习近平对知识分子的希望更是9900余万名共产党员的嘱托。“自信人生二百年，会当水击三千里。”重任在肩，时不我待，舍我其谁？

此时，我们隐约听到穿越2000余年时空的、来自大儒孟子的“舍我其谁”的千古豪言。孟子是一位非常有抱负的政治家。其所在之世战乱频仍，为了实现自己的治国理念，孟子在诸侯国间合纵连横，后来还和孔子一样周游列国，游说于各国君主之间，推行他的政治主张。去齐国后，孟子大力宣扬他的“仁政无敌”主张，却不被当政者采纳。郁郁不得志的孟子决定离开齐国返回邹国。临行前，齐威王赠送孟子成色上好的金子，孟子也没有接受。在离开齐国的路上，孟子闷闷不乐。深受孟子信赖的充虞一直陪在他的身边。充虞关心地问道：“前日虞闻诸夫子曰：‘君子不怨天，不尤人。’”充虞说老师讲过君子要不抱怨上天、不责怪别人，怎么老师看起来很不快乐的样子呢？孟子大发感慨：“彼一时，此一时也。五百年必有王者兴，其间必有名世者。由周而来，七百有余岁矣。以其数，则过矣；以其时考之，则可矣。夫天未欲平治天下也，如欲平治天下，当今之世，舍我其谁也？吾何为不豫哉？”[①]孟子的意思是，那是一个时候，现在又是一个时候。从历史上来看，每500年就会有一位圣贤君主兴起，其中必定还有名望很高的辅佐者。从周武王以来，到现在已经700多年了。从年数来看，已经超过了500年；从时势来考察，也正应该是时候了。大概老天不想使天下太平了吧，如果想使天下太平，在当今这个世界上，除了我还有谁呢？我为什么不快乐呢？孟子的这番话，虽有牢骚之嫌，但结合孟子的一生，不难看出孟子以天下为己任、希望凭一己之力力挽狂澜的英勇气概。

共产党员要担当，必须有舍我其谁的气魄。“舍我其谁”根据字面意思理解，就是除了我还有哪一个？形容人敢于担当，遇到该做的事，决不退让。在人们心目中，“舍我其谁”是一个充满英雄气概和正能量的词，常与昂首挺胸、阔步向前的英雄形象联系在一起。普通人尚且追求这样的境界，肩负着中华民族伟大复兴中国梦的共产党人更需要有这样的气魄。革命时期，在生与死的较量中，共产党员做到舍我其谁，才能大义凛然、慷慨赴死、前赴后继。和平时期，没有那么多的流血和牺牲，舍我其谁的气魄仍十分重要。在日常平凡的工作中，拥有舍我其谁的气魄，才能担当起岗位所赋予的责任，事事处处当表率、时时刻刻做模范，勇挑重担、攻坚克难。在关键时刻，在党和人民需要的

① 《孟子·公孙丑下》，《孟子》，中华书局2006年版，第96—97页。

时候，拥有舍我其谁的气魄，才能迎难而上、勇往直前，冲在最前面，让群众感到有共产党员在，主心骨就在，带头人就在。在危急时刻，在国家危难、民族存亡、群众生命财产受到威胁的紧要关头，拥有舍我其谁的气魄，才能不惜牺牲自己的生命、做出无愧于党和人民的正确抉择。我们党高度重视对这种气魄的弘扬和锻炼，在党内先后倡导的“平常时候看得出来，关键时刻站得出来，危急关头豁得出来”和“讲党性、重品行、作表率”其实都是从锤炼党性的角度号召党员干部树立表率。能作表率，说白了，就是一种“舍我其谁”。

站在舍我其谁对立面的，大抵是这样的状态：推三阻四、畏畏缩缩、敷衍塞责、推诿搪塞……凡此种种，虽然表现不一，但都与不担当脱不开干系。缺少了舍我其谁的气魄，在该创新的时候满足现状、该奋进的时候迈不开脚步、该碰硬的时候缩脖子、该发展的时候东张西望，风浪面前少了义无反顾、困难当头只会踯躅踱步，把改革、发展、建设的重任推给别人，该作为的不作为，该办的拖着不办，最终贻误的是党的事业，损失的是人民利益，伤害的是党和人民的鱼水之情。究其原因，根源在于不敢担当、不想担当，怕麻烦、嫌受累，心中没有党的事业和人民的利益，有的只是个人至上的“小九九”。

当然，在以舍我其谁的豪迈勇于担当的同时，还要注意避免英雄主义和风头主义。舍我其谁不等于风头主义，区别在于一系列行为的出发点和落脚点不同。舍我其谁敢于担当，是为了党和人民事业；风头主义是为了显摆自己，心中没有集体、团队，更没有人民。对此，习近平指出：“敢于担当，是为了党和人民事业，而不是个人风头主义，飞扬跋扈、唯我独尊并不是敢于担当。”[①]所以，党员干部要时刻绷紧这根弦，防止走上个人英雄主义的歧途。

党的十九大报告指出：“经过长期努力，中国特色社会主义进入了新时代，这是我国发展新的历史方位。”[②]进入新时代，我们迎来许多新机遇，也面临着许多新挑战。走在前人没走过的路上，更需要广大党员干部以超常的胆识、超常的勇气和超常的魄力，凭借“虽千万人，吾往矣”的豪迈，做出“我不入地狱，谁入地狱”的牺牲，担当起新时代赋予的重任。

（二）一个人也要战斗下去

“为什么战旗美如画，英雄的鲜血染红了她。”年纪稍大的人看到这两句话，就能哼唱起来，眼前还能浮现出面对敌人的炮火毫不畏惧的、顶天立地的英雄形象。是的，这句歌词来自20世纪60年代风靡全中国的影片《英雄儿女》的主题曲。之所以能

① 《习近平谈治国理政》，外文出版社2014年版，第416页。

② 习近平：《决胜全面建成小康社会　夺取新时代中国特色社会主义伟大胜利——在中国共产党第十九次全国代表大会上的报告》，人民出版社2017年版，第10页。

打动人心，被传唱至今，与优美的旋律有关，更与歌词的内容有关。虽说是歌词运用了艺术手法，却无比真实地反映了事实。为了解放中国，共有370万名共产党员牺牲，比中华人民共和国成立时全国300万名党员的总数还要多，超过一半的共产党员为了自己的信仰前仆后继却没能活到五星红旗在天安门广场升起的那一天。中国共产党为了担当起国家的前途和人民的命运，前仆后继，付出了整个人类历史上都极为罕见的代价。

毛泽东同志曾有一句关于人民军队的名言，大意是人民军队有一往无前的精神，它要压倒一切敌人而决不被敌人所屈服。不论任何艰难困苦，只要还有一个人，这个人就要继续战斗下去。人民军队是为人民利益而战斗的，只要危险在，只要还有人，就要坚持到底。这就是舍我其谁的英雄气魄。

影片《英雄儿女》反映的是20世纪50年代初抗美援朝战场上的战争风云，刻画了一组为国流血乃至牺牲的英雄群像。尤其是战斗英雄王成那一声“为了胜利，向我开炮！”的呼喊，动天地、泣鬼神，成为一代人心中无法抹去的记忆。王成虽是艺术形象，却源于现实，是有原型的。因为王成的塑造太过成功，人们对他的原型的兴趣也十分高，对谁是原型以及原型生平故事的研究和讨论至今都未停止。最广为人知的说法是王成的原型取自战士于树昌。

于树昌是志愿军某部某团的通信连步话机员。1953年6月29

日晚，于树昌所在部队为了配合金城主攻方向作战，对战斗前沿的无名高地之敌进行反击。当年部队副师长、高地战役指挥员之一的谢长华，对于树昌的牺牲经过记忆犹新：那天，我们来到指挥所。晚上10点多钟，就听着通信连一班步话机员于树昌，一次次地向指挥所报告战斗情况，要求炮火支援。在炮火猛烈支援下，连续打退了敌人的6次反扑，打死打伤300多个敌人。战斗打了整整一夜，天亮之后，敌人的反扑非但没有减弱反而更加频繁猛烈，整个阵地的土块都被炮火翻了个遍，浓烟滚滚、血流成河，异常惨烈。于树昌所在的阵地只剩下他一个人，其他同志全部阵亡。疲惫不堪的于树昌指挥、调动炮火，打垮了敌人一次又一次反扑，把敌人打得蒙头转向，搞不清我阵地上到底有多少兵力在坚守。就这样，战斗又持续了半天。到中午12点多，敌人一个多连的兵力连续反扑，向于树昌所在的地堡围了上来。万分危急之下，我方的数次增援都未成功。当时我在指挥所的耳机里，听到于树昌连声急促地喊："炮兵同志，开炮呀！别管我，向我开炮！为了胜利，向我开炮！""首长、同志们，永别了！"话音刚落，于树昌跳出地堡，冲向敌群，拉响了最后一颗手榴弹。嘣……耳机里传出一声巨响，接着一切都沉寂了。于树昌同志壮烈牺牲了！我们向爆炸响起的方向望去，含着热泪冲手中的电话筒大喊："全线所有炮火，狠狠地打！"复仇的炮声响彻天空，刚爬上山的敌人，顿时葬身冲天火海中。

除了于树昌，王成的原型有说是杨根思的，也有人说是蒋庆泉的，还有说是赵先友的。因为在他们身上都发生过类似“向我开炮”这样的故事。由此我们或许可以体悟到，王成的原型之所以众说纷纭，是因为许多人的身上都发生过王成的故事。谁是王成并不重要，王成不是一个人，王成是志愿军的缩影，是中国军队的缩影，是中国共产党员的缩影。正如影片中所说：“在中国人民志愿军里有千千万万个王成。”他们的故事有的鲜为人知，仔细读来，感人至深。曾在志愿军工兵指挥所担任宣传干事的李清廉晚年时，最喜欢回忆发生在那段峥嵘岁月的事情。他有一个愿望，就是通过他的讲述让更多的人知道这些无名英雄。在李清廉的讲述中，一场注定要牺牲的阻击战浮出水面。1951年3月，为了夺取战场的主动权，志愿军决定发起第五次战役。这次战役双方参战总人数近百万，是抗美援朝战争中规模最大、投入兵力最多的战役。然而，这次战役并未完全实现预期的战绩，尤其是到了战役后期，志愿军部队的给养消耗殆尽并被美军的坦克和汽车围追堵截，处境异常困苦和危险。

参加第五次战役的志愿军某团在敌军的强势进攻下，一路撤退到枣阳江南岸。全团只剩下14个人，其余的全部阵亡。到达江边，部队停了下来，一位姓赵的工兵连连长和该团保卫干事张殿祥开始收集子弹和手榴弹。他们不撤了，决心背水一战。这场阻击战的结果在他们看来，毫无悬念，必输无疑。十来个人、几十条枪怎么能在短兵相接时战胜驾驶坦克、数倍于自己的兵力？这是一场还未开打就注定失败的战争。他们之所以这么做，是希望拖住敌人，为战友争取时间。

战士们将两枚手榴弹绑在一起，紧紧抱在怀里，目光中流露出前所未有的笃定。他们分成3个战斗小组，埋伏在公路的拐弯处，希望利用坦克拐弯减速之机用人肉之躯去炸毁坦克的履带。这种有去无回的肉搏需要怎样的勇气才能做到？看到美军的坦克开过来……越来越近……义无反顾冲向坦克，12名战士犹如天降神兵，随着声声巨响，一辆辆美军坦克被炸得一动不动。我们的志愿军用生命换来了宝贵的时间，在坦克机枪的疯狂扫射下壮烈牺牲。此时，只剩下赵连长和张殿祥。他们瞪着向他们开过来的坦克，眼睛中喷射出仇恨的火苗。赵连长狠狠地将手中坏掉的机枪扔到地上，捡起一捆手榴弹向最近的一辆坦克冲去。由于距离太近，坦克机枪已经打不到他了。美军坦克手就开足马力，向他碾了过去。眼看就要轧到他，赵连长引爆了手榴弹。一声巨响，坦克翻到了深沟里。张殿祥还未来得及引爆手榴弹就被美军击中，昏死了过去。美军将张殿祥带走了，直到双方交换俘虏，张殿祥才重回祖国怀抱。也正因为如此，14名英雄动天地、撼山河的壮举才得以被后人所知。

（三）在平日里就是勇往直前

可以这样理解，毛泽东关于人民军队要有一往无前精神的这句话不仅仅是要求人民军队的，对于广大党员而言同样适用。不光部队需要提倡和弘扬舍我其谁的精神，在日常平凡的工作中，这种精神同样不可或缺。尤其是进入新时代，为实现中华民族伟大复兴标明了新起点，要求每一名共产党员必须拥有舍我其谁的气魄，才能担当起历史所赋予的责任。在我们身边，有许多这样的共产党员。他们在不为人知的岗位上默默奉献，义无反顾地担当起了党和人民对他们的嘱托。

对于大多数人而言，测绘工作是陌生的。其实，它与我们的生活息息相关，尤其对国民经济发展和国防建设事业发挥着至关重要的作用。进行城乡规划和国土资源利用离不开测绘提供的数据支撑，即便开展环境保护也需要进行各种测量。李先念同志曾用“经天纬地，开路先锋”概括和肯定了测量工作的意义。

书中前面提到的给习近平写信的国测一大队，就是专门从事测绘工作的一支专业队伍。国测一大队的全称为国家测绘地理信息局第一大地测量队，创建于中华人民共和国成立初期，单位地址在陕西省。从成立之日起，国测一大队就将为国家提供重要基础数据的使命担在肩上。他们的足迹踏遍祖国的千山万水，进驻内蒙古荒原28次，深入西藏无人区32次，踏入新疆腹地37次，徒步行程5700多万公里，相当于绕地球1400多圈……他们以舍我其谁的勇气测天量地，用汗水乃至生命默默丈量着祖国的壮美河山，用实际行动成就了一支“功绩卓著，无私奉献的英雄测绘大队”。20世纪90年代初，国测一大队获得国务院通令嘉奖。2015年，距国测一大队首次完成珠穆朗玛峰高度测量整整40年之际，当年参与珠峰测高任务的6位老队员、老党员给习近平写了一封信。同年“七一”前夕，习近平给他们写了回信，充分肯定了国测一大队爱国报国、勇攀高峰的感人事迹和崇高精神。

有地球之巅之称的珠穆朗玛峰是世界上海拔最高的山峰。由于地势险峻、自然条件恶劣，直到18世纪初，楚尔沁藏布、兰本占巴和胜住才发现珠穆朗玛峰，它的神秘面纱始向世人揭开。1719年，清政府制作的铜版《皇舆全览图》第一次标出了珠穆朗玛峰的位置和满文名称，被视为测绘史上的重大事件。1852年，印度测量局首次测出了珠穆朗玛峰的高度为8840米，之后英国、美国先后对珠穆朗玛峰的高度进行测量并做出结论。直到中华人民共和国成立之初，虽然珠穆朗玛峰的顶峰在我国境内，但有关这一山峰的高度等数据均来自外国人，珠峰的相关数据被外国“测量权威”垄断，我国版图上的这一制高点也只能使用他们的数据。

1954年，国测一大队成立了。成立伊始，“精确测量珠峰高度，绘制珠峰地区地形图”这一光荣而艰巨的任务就落在了他们肩上。珠峰地区环境极为险恶，峰顶常年平均气温在零下34℃

左右。高原反应、低温、大风、随时可能发生的雪崩和深不见底的冰川沟壑，在时时警告着每一个向它发出挑战、渴望征服它的人。即便是科技、装备、身体素质大为改善的今天，登顶珠峰也从来不是一个轻松的话题。据统计，仅2015年因攀登珠峰而死亡的人数就达22人。

1966年、1968年、1975年，为了测量珠峰的准确高度，国测一大队的队员们先后三次来到珠穆朗玛峰。前两次，队员们通过开展天文、重力、水准、物理测距、折光试验等各项测量和反复测算，获得了珠峰峰顶的雪面高程。珠穆朗玛峰第一次有了中国测量的高度。由于没有登顶，这一数据并未对外公布。1975年，国测一大队几名队员随中国登山队向珠峰顶峰发起冲击，并成功攀登到珠峰北坳7090米的高度。5月27日，队员们首次将测量觇标立于珠峰之巅。8848.13米，国测一大队用几十年的努力和付出得出了这一数据，得到了全世界的认可。

给习近平写信的邵世坤是测量珠峰的国测一大队队员之一。除了他，还有一名叫郁期青的队员，1966年、1968年、1975年的珠峰测量任务他都参与了。生于1939年的郁期青从南京地质学校毕业后就去了国测一大队，当年，他还是个17岁的少年。现如今，郁期青已是杖朝之年的老人了。他的青春岁月与国测一大队紧紧联系在一起，一个个测量数据与他的生命水乳交融、密不可分。回忆起1975年的那次登顶，郁期青仿佛在诉说刚刚发生的事情一样。当时郁期青已经36岁了，身体状态已经不在巅峰的时候却要攀登世界最高峰，他面临的困难可想而知。由于经验丰富，组织决定仍让他参与此次测量。在接到任务后，郁期青二话没说，开始投入到前期准备工作中去，其中，锻炼身体、提高体能是一项重要任务。郁期青说，当时他的想法很简单，就是再苦再险，哪怕撂下这100多斤，也要去闯一闯。从那以后，郁期青每天凌晨起床，和队员们一起先长跑5公里，接着做健身操，练爬绳、引体向上，做俯卧撑。下午打两个小时篮球或背上沙袋爬楼梯，如此天天坚持，风雨无阻。

1975年3月底，郁期青和全体队员站在珠峰大本营的五星红旗下。望着迎风飘展的国旗，郁期青眼含热泪，庄严地向祖国宣誓：不惜一切代价坚决完成任务！考验接踵而来。8名国测一大队队员有4名患上了“高山厌食症”。队员们强忍着剧烈的头痛，每天坚持工作十几个小时，却没有任何食欲。4个男子汉8天时间仅吃了1斤多大米、一点点炼乳。在完成7050米珠峰天险北坳的重力测量后，郁期青患上了肺水肿，被送到日喀则野战医院紧急抢救。连续高烧半个月的他，几度徘徊在死亡线边缘，原本70多公斤的体重降到了35公斤左右，牙齿也几乎掉光了。经过大半年的治疗，郁期青的身体才基本康复。然而，郁期青认为这一切的付出都是值得的。队员们在生命禁区奋战80多天，最终将测量觇标牢牢立于珠峰之巅。在他们精测的珠峰高程得到联合国教科文组织承认的那一刻，郁期青流下了激动的眼泪。

国测一大队还有许许多多的“郁期青”。从成立至今，国测一大队在野外作业的时间为年均11个月，因公殉职的队员达46名。他们有的牺牲在雪山上，有的牺牲在杳无人烟的大漠里，有的甚至是被歹徒杀害的。他们的遗骨就埋在牺牲的那片土地上。有人说，他们是在“用生命丈量大地”，而他们说，这是党和国家交给我的任务，我必须完成。

1960年，国测一大队赴新疆南湖戈壁开展测绘任务，时年31岁的技术员吴昭璞也在其中。太阳炙烤着无边无际的戈壁滩，白天持续40多摄氏度的高温，是野外作业的头号敌人。队员身体水分流失巨大，饮用水成为最宝贵的资源，一旦缺水，别说任务无法完成，生命都将无法延续。一天清晨，队员们发现盛清水的水桶漏了，唯一的饮用水渗入干涸的沙土里消失得无影无踪。死神，降临到他们的头顶，随时准备伸出恶爪。必须赶快撤离，可离他们驻扎地最近的水源地也要200公里，如果携带大量的仪器和材料去找水，根本来不及。吴昭璞见状，把仅有的水囊递到一位年轻队员手中，不由分说地命令大家：“这么多的仪器资料也带不出去，你们轻装走出大戈壁，我等你们回来，咱们一起把这点作业量完成。”继续留在这里有多危险，每个人心里都清楚。大家执意要吴昭璞一起走，可他坚决要留在这里看守仪器和宝贵的资料。无奈，大家赶紧起身去寻找水源，争分夺秒。吴昭璞目送着大家的身影消失在地平线，一个人坚守在那里。3天后，队员们带着饮用水以最快的速度返回营地。眼前的一幕，让所有队员痛哭失声。吴昭璞牺牲了，他口含黄沙，十指深深插进沙土，原本一米七的身体已经干缩到不足4尺（1尺等于0.33米）。队员们清理遗物时发现，帐篷里所有牙膏都被吃光了，描图用的墨水也被喝干了。但资料却整理得整整齐齐，吴昭璞沾满汗渍的衣服，严严实实盖在测绘仪器上。

几个月后，吴昭璞牺牲的消息传到了他的家乡。他的爱人抱着两岁的儿子哭得死去活来。

16年后，吴昭璞的儿子吴永安18岁了，也成为国测一大队的一员。或许是命运的安排，他第一次野外作业就来到了父亲牺牲的南湖戈壁。吴永安站在茫茫的戈壁滩上，感受着父亲在这里工作和牺牲的情景，悲痛之余更加体会到父亲的伟大。他试图寻找父亲的坟墓，只看到一些无名坟头，却始终没有找到父亲的名字。最后，吴永安拿出一壶清水，在每个无名坟头上都滴一点清水，然后坐在地上大哭了一场。擦干眼泪的吴永安，了却了多年的心愿，毅然转身加入到测量队伍中去。

郁期青有句话说得好："不是我们想吃苦，想过苦行僧一样的生活，这工作国家需要，我们不干，那让谁干？国家把我放在这个岗位上，我就要把事情做好。"他说出了国测人的心声，也说出了无数共产党员的心声。

三、高强精深的本领

2022年10月16日，在党的二十大上，习近平总书记明确要求："全面建设社会主义现代化国家，必须有一支政治过硬、适应新时代要求、具备领导现代化建设能力的干部队伍。"①这既是对"关键少数"提出的"硬标准"，也是对党员领导干部发出的"动员令"。

（一）担当须有"金刚钻"

担当需要勇气，更需要能力。没有能力做保障，担当就是一句空话。每一名党员领导干部不仅要想担当、敢担当，还要能担当、善担当。能担负起党和人民赋予的职责和使命，将工作干好，需要党员领导干部下大力气苦练内功，提高履职尽责能力。

2018年5月，中共中央办公厅印发的《关于进一步激励广大干部新时代新担当新作为的意见》（以下简称《意见》），在广

① 《高举中国特色社会主义伟大旗帜 为全面建设社会主义现代化国家而奋斗——在中国共产党第二十次全国代表大会上的报告（2022年10月16日）》，《人民日报》2022年10月26日，第1版。

大党员干部和群众中引起了强烈反响。《意见》明确提出要“着力增强干部适应新时代发展要求的本领能力”，引导广大干部“干一行爱一行、钻一行精一行、管一行像一行”，“强化能力培训和实践锻炼，提高专业思维和专业素养，涵养干部担当作为的底气和勇气”。

2012年11月29日，新当选的中央政治局常委来到国家博物馆，参观“复兴之路”基本陈列。在那里，习近平满含深情地说：“每个人都有理想和追求，都有自己的梦想。现在，大家都在讨论中国梦，我以为，实现中华民族伟大复兴，就是中华民族近代以来最伟大的梦想。”[①]在10年之后召开的党的二十大上，习近平代表全党向全国人民庄严宣誓：“从现在起，中国共产党的中心任务就是团结带领全国各族人民全面建成社会主义现代化强国、实现第二个百年奋斗目标，以中国式现代化全面推进中华民族伟大复兴。”[②]

历史使命越光荣，奋斗目标越宏伟，我们身上的担子就越重。2021年，是中国共产党成立100年的时间。这一年的7月1日，习近平代表党和人民庄严宣告：“经过全党全国各族人民持

① 《承前启后　继往开来　继续朝着中华民族伟大复兴目标奋勇前进》，《人民日报》2012年11月30日，第1版。

② 习近平：《高举中国特色社会主义伟大旗帜　为全面建设社会主义现代化国家而努力奋斗——在中国共产党第二十次全国代表大会上的报告》，人民出版社2022年版，第21页。

续奋斗，我们实现了第一个百年奋斗目标，在中华大地上全面建成了小康社会，历史性地解决了绝对贫困问题。”①到2049年，我们要“建成富强民主文明和谐的社会主义现代化国家”。这一年，正好是中华人民共和国成立100年。“两个一百年”，构成了中华民族伟大复兴中国梦的两大台阶。

全面建成小康社会，是实现中华民族伟大复兴的中国梦的关键一步。评价“全面建成小康社会”目标的实现，有很多指标，涉及经济、政治、文化、社会和生态文明等各个方面。但其中最关键的，就是人民生活水平的全面提高，“城乡居民人均收入比二〇一〇年翻一番”。这是我们党的初心，也是必须完成的使命。然而，当我们聚焦数据的时候，就能清醒地意识到实现这个承诺的不易和决心。2012年年底，党中央承诺“绝不能落下一个贫困地区、一个贫困群众”，拉开了新时代脱贫攻坚的序幕。至2020年的8年中，党和人民攻克了一个又一个贫中之贫、坚中之坚，脱贫攻坚取得了重大历史性成就。现行标准下9899万农村贫困人口全部脱贫，832个贫困县全部摘帽，12.8万个贫困村全部出列，平均每年1000多万人脱贫。把这么多的人从贫困生活带进小康社会，不亚于再造几个小康水平的中小国家。担着如此重的担子，还要一路小跑，对共产党员能力、素质的要求有多高可见一斑。

① 习近平：《在庆祝中国共产党成立100周年大会上的讲话》，人民出版社2021年版，第2页。

况且，消除贫困仅仅是党员领导干部面临的众多考验中的一环。世情、国情、党情深刻变化，新情况、新问题层出不穷。面对不断出现的新形势、新任务，工作中很多方式方法已经不能完全适用，本领恐慌的问题，成为摆在不少领导干部面前的现实考验。中央党校知名教授戴焰军曾指出，我们走的是一条前无古人的新路，遇到的很多问题没有现成答案，没有现成方法，不论是社会利益的协调，社会矛盾的解决，还是社会管理，党员干部都面临实际能力与所面对问题不相符合的情况。言辞恳切、话语犀利，值得所有党员干部思考和警醒。

现实生活中的矛盾林林总总，有些突发问题如当头一棒常打得人措手不及。这时候，需要领导干部在最短的时间里做出正确判断，进行科学决策，指明工作开展的方向，才能称得上是一名合格的共产党员、一名敢担当的领导干部。这种担当精神的来源，离不开领导干部自身所拥有的进行科学决策的本领。掌握科学的工作方法，才能按规律办事无往而不胜；狠抓工作落实的本领，才能靠实干开创新局面。

有些干部可能会觉得，自己干工作的时间不短了，职位也不低了，再像学生一样去学习，向身边的比自己年轻、职位比自己低的人请教，面子上过不去，心理上不愿意。孔夫子说："三人行，必有我师焉。择其善者而从之，其不善者而改之。"①身边

① 《论语·述而》，《论语》，中华书局2016年版，第86页。

的人，无论年龄、地位如何，总有值得我们学习的地方。学习别人的长处，遇到的人和事越多，学到的知识就越多。就像一块渐渐吸满水的海绵变得沉甸甸一样，学识渊博、能力超群的人在艰难险重面前也才能沉得住气、稳得住阵脚。

我们身边这样的例子不少，曾任国家主席的李先念的一生就是不断学习的一生。刚刚进部队开始戎马生涯的李先念，连大部队行军时怎么避免踩踏农民的庄稼都不清楚，短短几年时间，就成长为红军中最年轻的师政委。1933年，24岁的李先念升任红三十军政委。从一个不会打仗的年轻人到统率千军万马的高级军官，李先念是怎么做到的呢？几十年后，已经80多岁高龄的李先念饶有兴趣地回忆起这段历史，说道："我从地方转到军队，拼命学，钻军事，读日本兵书、苏军战斗条令，还有《三国演义》《水浒传》等。"

中华人民共和国成立后，如何实现从领兵打仗到治理国家的转变，是党员领导干部普遍面临的挑战。1954年年初，中央急需调一批年纪轻、能力强、有管理经济和财政工作才干的领导干部到中央担任领导职务。这时，陈云向毛泽东、周恩来推荐了李先念。陈云说了4条理由，其中一条就是李先念爱学习、爱钻研。中央随后任命李先念为财政部部长。接到任命的李先念也有顾虑，毕竟他从未涉及过金融和财政领域的工作。但是，既然党和人民信任他，他就一定要尽最大的努力把工作干好。于是，李先念虚心向内行请教。在召开财政经济工作会议时，有许多财政经济方面的专家参加。这些会议，都被李先念当成向财经专家请教的好机会。开会时，他总是让专家们把意见说完讲透，自己仔细听，认真记，反复思索。听不懂时，就反复地请教。他把这种做法视为学习财经知识的重要途径。通过努力，他很快就适应了新岗位的要求并且干得有声有色。新中国第一任财政部部长薄一波说："开始，我真有点为他担心，但先念同志却以他的聪明才智，很快交出合格答卷。"1960年，毛泽东在会见时任古巴国家银行首任行长切·格瓦拉时，专门拉着李先念向对方介绍："我们刚刚革命胜利的时候，也是非常缺少财政人才的。越到后来，我们越注意培养各类干部。但是，我们培养的人手，总嫌不够用。于是，我们只好抓个'大兵'来管钱，事实证明，我们这样的做法也没有什么不好。"

李先念曾说："我是一穷二白，一无所有，什么工作方法、指挥水平、领导艺术，都是学来的。"李先念能坚持虚心学习，做到干一行通一行，其动力是对党和人民的高度责任感，是强烈的担当精神。因为担当，才会不断学习提高能力，努力适应新要求新岗位。能力提高了，才能心随所愿，更好地去担当。如此，就进入了一个良性循环状态。

（二）消除本领恐慌

人不是生下来就什么都懂、什么都会的。党员领导干部也不是特殊材料做成的，不可能“样样通”，总有不熟悉的情况、不了解的领域。工作岗位与自己的学识积累高度匹配，是这一行的专家里手，开展起工作来当然能更加得心应手。但如果因为工作需要到不熟悉的岗位任职，对党员领导干部而言就必须尽快熟悉岗位、提高能力，才能胜任工作。这时所需的能力是一个人技能、智能和经验的高度统一。本领不是天生的，要靠学习和实践来获得。要把高度的责任感转化为加强学习的紧迫感，加快知识更新，优化知识结构，通过学习和实践，不断增强驾驭复杂局面的能力，增强做好各项工作的专业化能力，增强运用法治思维和法治方式解决问题的能力，增强按制度办事的能力。学习是能力之基，要做到提高能力，除了学习还是学习，没有其他的捷径可走。

1997年8月，汪洋湖被任命为吉林省水利厅厅长。有人跟他开玩笑，你这名字占了九点水，命里注定要管水治水。不让你管水，老天爷都看不过去。

然而，命里注定要管水治水的汪洋湖上任伊始，却基本不懂水务知识。可几年干下来，汪洋湖不仅成了水利专家，还充分运用自己掌握的知识科学研判水情灾情，保老百姓一方平安。当地老百姓热情地称他为“当代大禹”。这个称呼印证了汪洋湖的努力和付出，更印证了汪洋湖的担当。

出生于1943年的汪洋湖，22岁就光荣地成为一名共产党员。从在党旗下庄严宣誓的那刻起，“共产党员”4个字的分量在汪洋湖的心中就重如千钧。由于工作努力、表现突出，汪洋湖24岁时就已是公社党委书记，29岁担任县级领导。之后，汪洋湖还先后担任过县委书记、市委秘书长、市委副书记等职务。1997年，汪洋湖到水利厅当厅长的时候，已经54岁了。古语称50岁为知天命之年，50岁之前要尽人事，50岁之后就要听天命了。这句话用在汪洋湖身上却不恰当，尽管已经年逾半百，他却丝毫没有降低对自己的要求。为了能更好地履行职责，汪洋湖一如既往地发挥深入钻研精神，短短几年内，从一个水利专业的门外汉，成了一位防汛抗旱、水产养殖、水土保持、农田水利建设、水利计划财务等方面的专家，被大家公认为“没有职称的水利专家”。汪洋湖水利专家的名号绝不是徒有虚名，是一场场“硬仗”打下来后大家发自内心认可的。

1998年汛期来势凶猛。全国共有29个省（自治区、直辖市）遭受了不同程度的洪涝灾害，受灾面积3.18亿亩，受灾人口多达2.23亿人，直接经济损失达1660亿元。除长江流域受灾严重外，嫩江、松花江流域也全线告急，暴发了150年来最严重的全流域特大洪水。刚担任水利厅厅长才1年的汪洋湖要经受150年一遇的挑战，所有的人都替他捏把汗。作为省防汛副总指挥，汪洋湖的神经每天高度紧张，泥里来风里去，往返于各险工险段之间，身上的衣服总是湿漉漉的。出现险情，汪洋湖总是第一时间出现在现场，组织抢险抢修。

8月11日晚8点，吉林省抗洪指挥部会议室坐满了人，大家表情严肃，气氛紧张得让人喘不过气来。一张气象云图摊在办公桌上。气象云图显示，48小时后，嫩江第三次洪峰将通过吉林浑江段。如何有效抵御嫩江第三次洪峰、确保人民群众的生命和财产不受损失，是这次会议的核心议题。难点在于，当时嫩江上游所有的水文站都被冲毁了，对这次洪峰的流量，只能通过预测。这个数字估计高了，劳民伤财；估计低了，可能遭受灭顶之灾。在各自发表意见后，所有人的目光都盯在了汪洋湖身上。汪洋湖清了清嗓子，果断地说出自己的判断：洪峰流量不会高于每秒17500立方米。看到省委领导望向自己的目光，汪洋湖肯定地点了点头。险情迫在眉睫，省委采纳了汪洋湖的判断，果断决策：准备330万条麻袋，把210公里的防洪大堤加高1米，加宽2米，建成一道麻袋子堤。48小时后，滚滚洪峰呼啸而来，实测第三次洪峰的流量为每秒16100立方米，加固后的嫩江千里大堤安然无恙。由于汪洋湖为省委决策提供了准确的依据，全省江河堤防无一处决口，60万群众紧急转移无一伤亡，四周县城无一进水。一个数据的准确预测创造了抗洪史上的奇迹。汪洋湖，这个名字中有九点水的水利厅厅长，用自己每一滴辛勤汗水，向人民交上了一份满意的答卷。

汪洋湖的科学判断在抵御第三次洪峰时发挥了至关重要的作用。由此我们更加深刻地体会到，只有具备与岗位匹配的能力才能担当起肩负的责任。汪洋湖的这个数据从何而来？不是拍脑袋产生的，而是从风里雨里得来的。时间回到1天前，我们就能找到答案。8月10日，第二次洪峰刚刚通过，波涛汹涌的嫩江暂时恢复平静。一直高度紧张的汪洋湖没有休息，而是在为抵御下一个洪峰的到来做准备。他马不停蹄地奔波在嫩江的百里长堤上，一边实地观测水情、工情，一边会同各方专家，反复测算、分析、论证。回忆起当时的情景，汪洋湖说："当时来讲，失败还是胜利很难预测。在这么紧急的时刻，对险洪险段险情险工，不能做到心中有数，那么你这个决心怎么下，参谋意见怎么拿，怎么指挥呢，所以必须得看。"而这也道出了汪洋湖一贯的工作作风。他深知，水灾无情，一方百姓的人身财产安全掌控在他们手中。如果因为个人工作没有做到位、能力不足而导致工作失误，是不容原谅的。当厅长后的一段时间，汪洋湖几乎走遍了吉林的大江大河，巡查了所有险工险段，查看了省内绝大多数大中小型水库。汪洋湖对省内的水系做到了心中有数，才能在千钧一发之际做到胸有成竹，当好省委决策好参谋，当好人民利益的守护神。

汪洋湖还有一大特点就是爱读书。几十年下来，汪洋湖经历过10余个工作岗位。这些岗位性质差别很大，有的考验综合素质，有的需要精通党务，还有的离不开专业知识的支撑。汪洋湖每个岗位都干得有声有色，得到了同事和百姓的赞誉。爱读书、善学习是汪洋湖能胜任不同岗位的重要因素。只有心中秉持对党和人民负责的坚定信念，实际工作中努力发现自身存在的不足，通过学习提高自己与岗位的匹配度，才能像汪洋湖那样干一行爱一行，干一行成一行。汪洋湖身边的人都知道，汪洋湖虽然随和，但是他有一个“禁区”是轻易不能进去的，甚至连他爱人都不能随便进入，这个“禁区”就是他的书房。他把大多数业余时间都用在了看书学习上。每天他不管回家多晚，都要到书房里去翻翻、看看。十几平方米的小天地化身为汪洋湖的精神海洋，他如饥似渴地从书籍里汲取知识和能量，遇到感兴趣的话题还专门把它们誊抄到笔记本上。这个时候，如果有人打扰他，汪洋湖就会特别不耐烦。对此，汪洋湖还曾不无歉意地解释道：“我最自私的莫过于把业余时间留给自己，静下心来学习。”或许就是因为汪洋湖“自私”到不聚会、不迎来送往、不联络感情，“自私”到把有限的业余时间用来学习看书、武装头脑，才有了汪洋湖对工作的胜任，才成就了汪洋湖对党的事业的担当。

汪洋湖不仅自己爱学习，还要求身边的人也加强学习。曾与汪洋湖搭班子的、时任水利厅副厅长的宿政讲过这样一件事：1999年8月底的一天晚上，已经12点多了，宿政早已进入梦乡。

这时，他的手机响了。宿政一看是汪洋湖打来的，不由一阵紧张，担心有什么突发事件。过了一会儿才听明白，原来是汪洋湖自己在家学习完刚刚颁布的《中华人民共和国招标投标法》，打电话让宿政通知大家第二天集体学习。在宿政的提醒下，汪洋湖才意识到时间已经很晚了，连忙道歉并特意交代："明天一定要通知大家学习。"汪洋湖这么重视让大家学习招标投标法，是因为水利厅每年都有大量水利项目需要进行招投标。汪洋湖认为，只有开展这项工作的人弄明白了政策，成为行家，才能不走弯路，干好工作。这样的事情太多了。汪洋湖到北京出差看到通过网络可以召开电话会议，回到吉林后就向人请教，找到计算机能手研究怎样在水利厅运用这些方便的新技术。当人们惊讶于年过半百的汪洋湖老当益壮、比许多年轻人接受新事物的能力还强时，汪洋湖感慨地说："我的世界观、人生观、价值观的形成很大程度上得益于读书学习。而且我这一生换岗十几次，过去的知识用不上了，新的知识又很缺乏，要丰富自己，推动工作，就必须坚持不懈地学习。"

（三）更需业精于勤

对于大多数共产党员而言，他们的工作岗位很平凡，职位也很普通。即便如此，担当好岗位赋予的责任也需要业精于勤的努力和钻研。人们都说，工作是有弹性的。是敷衍了事、得过且过、做一天和尚撞一天钟，还是认真对待、勇攀高峰、在平凡的岗位上做出不平凡的成就，不同的工作态度决定了工作水平是否能不断提高，更决定了是否能担当起应该担当的责任。

巨晓林是外出务工的2亿多农民工中的一员，他只有高中文化，用他自己的话说，资质也很一般。然而，他却取得了大多数接受过良好教育的人都无法企及的成绩：革新工艺43项，创造经济效益600多万元；独立编写出我国铁路电气化史上第一本施工教科书；先后荣获北京市劳动模范、全国五一劳动奖章获得者等荣誉。巨晓林成功了，他从一名普通农民工成长为知识型新型工人、农民工楷模。了解他的人都知道，巨晓林的成功离不开个人的努力。他的身上总带着三件宝：图纸、工具书、笔记本。别人休息、娱乐的时间，巨晓林都用来钻研技术。工友感慨道："老巨学技术那叫玩命，每天他比别人早一个钟头起床，晚一个钟头睡觉。不管多么辛苦，他一点都不放松。他的枕头下面藏着一个小闹钟，他恨不得一天当成两天用。"

青岛港务局的许振超也是这样的党员。他从一名普通的吊车司机做起，通过自己几十年的钻研和努力，最终把"无声响操作"搞出了大声响。许振超用自己的实际行动，向人们生动阐释了一名平凡的共产党员，面对平凡的工作岗位该如何去做才能担当起自己的责任。

2004年，《青岛日报》破天荒地用6版发表了一篇长达1.3万字的通讯《许振超和“振超效率”》。许振超是谁？他又有什么样的事迹可以让一家报纸为他腾出这么大的版面？随着许振超被越来越多的媒体所关注，他的事迹也被人们熟知。

当时任青岛港桥吊队队长的许振超，是只有初中文凭的“老三届”。1974年，24岁的许振超来到山东省青岛港第二作业区机械四队当工人。从此，许振超就把自己的青春献给了青岛港。在这个普通得不能再普通的岗位上，许振超凭借“干就干一流，争就争第一”的精神，立足本职、务实创新，练就了“无声响操作”“一钩净”“一钩准”等绝活，带出了一支技术过硬、个个身怀绝技的团队，并创造了被冠以“振超速度”的世界纪录。

从走上工作岗位的第一天开始，许振超就用精益求精的态度对待工作中的每一个环节。慢慢地，许振超对工作的认真态度和钻研精神得到了大家的认可，他也从工友中脱颖而出。1991年，刚刚担任青岛港桥吊队副队长的许振超在工作中发现了一件令人尴尬的事情：吊具故障占桥吊故障总比例的60%，而吊具故障主要是由起吊和落下时速度太快，吊具与集装箱碰撞造成的。许振超暗自忖量：能不能做到无声响操作——也就是无碰撞操作，这样既减少了桥吊故障，也能更好地实现货物安全。他的这一想法，在很多“老装卸”看来无异于天方夜谭。集装箱、船、拖车都是铁的，整个集装箱装卸过程就是铁碰铁的过程，况且即使一个空的集装箱至少也有十几吨重，更别提装满货物之后。把这样的庞然大物吊到几十米的高空再放下来，要做到“无声响”确实难以想象。

面对众人的质疑，许振超没有多说什么，而是自己先摸索着干了起来。为了摸清桥吊的“脾气”，本来可以不用再开桥吊的许振超主动申请开桥吊。一台台、一次次，操作桥吊的工作简单、枯燥，许振超却干得有声有色、有滋有味。每一次操作结束后，许振超都把自己的感受详细地记录下来，在无数次失败中寻求成功之门。终于，许振超摸索出实现“无声响操作”的方法。他的成功让大家心服口服。之后，许振超编写了操作要领，在全队进行推广。

青岛港的桥吊队实现“无声响操作”的消息不胫而走，行家们纷纷啧啧称奇。许振超和他的同事们目睹了无数次“无声响操作”创造的奇迹，其中发生在1997年的一件事让他们记忆犹新。那年冬天，青岛港老港区承运了一批经青岛港卸船，由新疆阿拉山口出境的化工剧毒危险品，这种化学品特别怕碰撞，稍有碰撞就可能引发恶性事故。有关部门对此非常重视，身穿防化服的武警把码头全部戒严，消防队员也来到卸货现场严阵以待。船主、货主和有关领导更是守在桥吊旁边，生怕出现什么问题。胸有成竹的许振超带着队友们，凭借平时练就的“无声响操作”的绝活，仅用了一个半小时就稳稳妥妥地把40个集装箱从船上卸了下来，又装上了火车。操作任务圆满完成，安静的现场爆发出一阵阵欢呼声。船主由衷地赞叹：“你们的作业简直是‘行云流水’，太神奇了！”

熟悉许振超的人都知道，这“神奇”来得并不容易。为了弥补只有初中文化的不足，许振超几乎把所有的业余时间都用在学习上。一本翻烂的字典、一个随时拿出来做记录的笔记本和一台手提电脑，许振超每天都会随身带着它们，以备学习之需。几十年坚持下来，许振超能把复杂、难背的英语专业术语背得滚瓜烂熟。从1986年起就与许振超共事的刘俊泉，回忆起当时的情景仍感触颇深：“我年轻时打扑克、下象棋，他则把所有的时间都用来学习。他比我大11岁，学习起来吃力得多，但他坚持学习。”许振超的努力，让人想起了一段话：每一件与众不同的绝世好东西，都是以无比寂寞的勤奋为前提的，要么是血，要么是汗，要么是大把大把的曼妙青春好时光。

许振超还把对待学习的这股韧劲用在了工作上。工作中遇到疑难问题，他总是想尽各种办法去解决；遇到重大任务，他就一次性买10箱方便面吃住在现场。有一年寒冬，为了完成青岛港交给的紧急任务，许振超愣是在工地坚守了一个多月，其间累得发起了高烧也没有下“战场”。当时，荒凉的工地上有两个铁皮集装箱，其中一个是许振超的办公室兼卧室，一把电水壶、一件军大衣和一张硬纸壳是他的全部“家当”。有人问他，“这么苦，你怎么受得了？”许振超笑笑说：“做心里喜欢的事，就不觉得苦。”

2009年，国家评选出100位新中国成立以来感动中国人物。许振超与焦裕禄、雷锋等同时上榜。当时，有关部门给每位优秀共产党员都配发了一篇根据他们的事迹写成的百言小传。许振超的小传是这样写的：“许振超者，山东荣成人也。二十入青岛港而志于道。扎根一线，攻坚于水陆联运之要冲；苦研经年，奋战于货物集装之阵地。终以绝技闻，名震中外。图难于易，作业如行云；举重若轻，装卸自从容。看似一钩之力，实乃长久之功。允称大匠，无愧能工，此‘器物之心’者谓也乎？”

四、清正廉洁的正气

“公生明，廉生威。”清正廉洁才能刚正不阿，行得正才能敢担当。廉洁从政不仅是党员领导干部至关重要的生命线，更关系到党的形象。如果自己不干净，就无法要求别人。只有自己练就金刚不坏之身，才能有敢于担当、勇于担当、善于担当的底气和胆气。

（一）打铁必须自身硬

如何做到清廉，是我们党自诞生以来一直面临和必须妥善解决的重大课题。

中国共产党是为工人阶级和最广大人民根本利益而矢志奋斗的先进政党。中国共产党没有自己的特殊利益，全心全意为人民服务是我们党成立之日就铭刻于心的宗旨和使命。对于广大共产党员而言，加入共产党不为升官，也不为发财，而是为了全人类解放的信仰。

然而，我们必须承认，能够做到始终坚守信仰、担当使命并不是说说那么简单。现实生活是复杂的，共产党员也是有血有肉、有七情六欲的人，具有人的所有需求和情感，总会遇到各种各样的诱惑和困难。当自己的个人利益与广大人民群众的利益发生冲突，当满足个人欲望与实现人民群众对美好生活日益提高的需求存在矛盾时，该如何抉择？无数正反事例告诉我们，保持清正廉洁才能无欲则刚，才能勇往直前。

1917年4月22日，已经成为马克思主义者的李大钊以“守常”为笔名在《甲寅》日刊上发表了一篇短文。文章不长，论述的道理却很深刻，至今还时常被人提起。文章的题目是《简易生活之必要》，李大钊认为产生腐败和堕落的重要原因是“应过度之要求”，即满足不合理的欲望和要求。“以有限之精力，有限之物质，应过度之要求，肩过度之负担，鲜不气竭声嘶，疲于奔命。实力不足以达者，则觅捷径以达之，正轨不足以济者，则走曲线以济之。于是虚伪、夸张、奢侈、贪婪种种罪恶，简易生活之必要皆因此过度之生活以丛滋矣。”李大钊倡导：“衣食宜俭其享用，戚友宜俭其酬应，物质宜俭其销耗，精神宜俭其劳役。务使自己现有之精力、物质，克以应与己缘接而生之要求之负担，绰有余裕。而后道义可守，节操可保，威武不能挫其气，利禄不能动其心，处固能安其朴素，出亦不易其清廉，俯仰天地之间，全无所于愧怍也。”李大钊认为，没有过多的物质欲望，不做浮华俗利的奴隶，人的精神就不会有负担，就能保持气节，所作所为才能无愧于心、无愧于天地。

李大钊的这篇文章，道出了一个需要广大党员领导干部牢记的真理：贪欲，如千万条噬咬内心的小虫，会让人失去理智和判断。有了难以满足的欲望，就会使一部分党性不强的党员领导干部铤而走险，将信仰、宗旨通通抛在脑后，肆无忌惮地进行权力和利益的肮脏交易，从而满足个人欲望。宋代文学家苏轼所著《范增论》说：“物必先腐也，而后虫生之。”意思是东西总是自身先腐烂，然后虫子才能寄生。无欲则刚，要担当必须身正，清廉为官才能一身正气，才能为公为民独独不为自己。

“清贫，洁白朴素的生活，正是我们革命者能够战胜许多困难的地方！”读过方志敏《清贫》这篇文章的人，都会被文中的这句名言所震撼。自1924年方志敏加入中国共产党以来，就一直以此来约束和要求自己。投身革命的方志敏，于1931年当选赣东北省苏维埃政府主席兼财政部部长，掌握着大量党的活动经费。1934年11月上旬，红七军团与红十军合编为红十军团，方志敏任军政委员会主席。1935年年初，方志敏被捕入狱。在狱中，方志敏写下了感人至深的《清贫》一文。文中写道："我从事革命斗争，已经十余年了。""经手的款项，总数在百万元。"然而，就是这样一位身居要职、手握重权的党的高级领导干部却过着连常人都不如的清贫生活。方志敏被捕时，两个国民党士兵满心欢喜，幻想着能发一笔横财，从这名共产党高官身上搜出点金镯子、金戒指之类的"硬通货"。搜了半天，连袜底都没有放过，结果只搜到一只怀表和一支自来水笔。士兵举着手榴弹威胁方志敏："像你当大官的人会没有钱？"方志敏说："我不比你们国民党当官的，个个都有钱，我今天确实是一个铜板也没有，我们革命不是为着发财啦！""这在国民党的大人物身上，颇似奇迹，或认为夸张；而矜持不苟，舍己为公，却是每个共产党员具备的美德。"①

无数事实表明，人民群众对党的拥护和支持，取决于对党的认识和判断。而党能否保持清廉的作风则是人民群众认识党的最直观、最形象的标志，是人民群众是否决定跟党走的最具显著

① 方志敏：《清贫》，《可爱的中国》，中国友谊出版公司2016年版，第268—270页。

特征的依据。我们党历来重视对党员的廉洁自律教育。1941年11月，陕甘宁边区第二届参议会正式通过的边区宪法性文件《陕甘宁边区施政纲领》中明确提出要厉行廉洁政治，“严惩公务人员之贪污行为，禁止任何公务人员假公济私之行为，共产党员有犯法者从重治罪。同时实行俸以养廉原则，保障一切公务人员及其家属必需的物质生活及充分的文化娱乐生活”。1949年秋，国民党政权岌岌可危，中国共产党领导的人民革命胜利在望。此时，我们党开始思考和谋划事关新中国建设的根本性问题。同年9月29日，中国人民政治协商会议第一届全体会议通过了起到临时宪法作用的《中国人民政治协商会议共同纲领》（以下简称《共同纲领》）。这份纲领性文件从政权机关、军事制度、经济政策、文化教育政策等方面详细描画了人民当家做主的新中国的样子。《共同纲领》特别强调，中华人民共和国的一切国家机关，必行厉行廉洁的、朴素的、为人民服务的革命工作作风，严惩贪污，禁止浪费，反对脱离人民群众的官僚主义作风。

然而，任何事情都不可能一帆风顺。刚刚执政的中国共产党中的个别人员被胜利冲昏了头脑，开始追求生活上的享乐，开始堕落腐化，开始贪污，欺压老百姓。仅北京市，在1950年对党内纪律进行初步检查后就发现党员干部中有182人贪污、腐化或违反政策。面对新形势和新问题，1950年5月，北京市委在全市党员大会上提出了保证党永不腐化的四条措施。1950年7月18日，

《北京市整党整风工作报告》（以下简称《报告》）在彭真的主持下起草完成并被报送华北局并中共中央。《报告》总结了北京一年多来进行的多次小规模的整党整风运动：对入城干部和地下工作干部的关系问题进行普遍的教育，整顿党员和群众的关系，对机关干部普遍进行了思想总结，对公安人员进行了反对无政府、无纪律和反对命令主义、贪污腐化的两次检查，检查了干部作风和纪律。3天后，中共中央将《报告》转发全国，并要求各地参照北京市的经验执行。

1978年，安徽省凤阳县小岗村实施的“农村家庭联产承包制”，拉开了中国改革的序幕。中国走上了经济发展的快车道，迎来了生产力解放的春天。改革开放带来的变化令人眼花缭乱，突然打开的世界大门在开阔人们眼界的同时也混乱了一部分人的价值观。据统计，全国检察机关立案侦查的贪污贿赂案件，1979年为702件，而到1982年就已经陡然上升到29563件。总设计师邓小平痛心地说：“我们自从实行对外开放和对内搞活经济两个方面的政策以来，不过一两年时间，就有相当多的干部被腐蚀了。”“这股风来得很猛。如果我们党不严重注意，不坚决刹住这股风，那末，我们的党和国家确实要发生会不会‘改变面貌’的问题。这不是危言耸听。”[①]一手抓改革开放、一手抓惩治腐

① 邓小平：《坚决打击经济犯罪活动》，《邓小平文选》（第二卷），人民出版社1994年版，第402—403页。

败，对损害党员形象的事情决不姑息。进入21世纪后，党中央坚持强调保持清正廉洁、坚定不移反对腐败。党的十八大以来，我们党把清正廉洁作为好干部标准的重要内容，号召广大党员干部时刻绷紧廉洁自律这根弦，洁身自好，为政清廉，奠定党和国家长久发展的坚实基础。

“要解决思想问题，也要解决制度问题。”按照党的制度建设的要求，十一届三中全会后，党中央在端正党风、解决干部特殊化和纠正不正之风方面制定了许多廉政制度和规定。恢复成立了中央纪委，重启党的纪律检查工作；颁布实施了《关于党内政治生活的若干准则》；全国人大、国务院陆续制定和颁布了许多廉政建设的法律、法令和行政法规。种种举措改变了过去那种无法可依、有法不依、以人治代替法治的状况，为廉政建设提供了法制保障。

（二）慎微把守清廉

2011年7月23日，逃亡加拿大12年之久的赖昌星在警察的押送下出现在北京首都国际机场。12年逃亡生涯宣告结束，搁置了12年的对赖昌星的审判提上了日程。当年轰动一时的厦门远华特大走私案再次引起人们的热议。

赖昌星原本只是一个普通的农村孩子，受教育程度不高，还曾以卖废品为生。然而，善于钻营、脑子灵光的赖昌星很快起了家，1994年年初成立了厦门远华集团有限公司，开始了大规模的走私活动。从1994年到1999年案发，短短5年时间，远华集团走私货物总值高达530亿元，偷逃税额300亿元，合计造成国家损失830亿元。远华的“红楼”被翻了个底朝天，赖昌星拉拢、腐蚀公职人员，为其大开“绿灯”的权钱交易也逐一浮出水面。经查办，共有600多人牵涉其中，其中有近300人被追究了刑事责任。厦门远华特大走私案堪称1949年以来我国查处的最大一起经济犯罪案件。

然而，这桩案件的核心人物赖昌星却销声匿迹了，再现身时，他已经带着家人逃到了加拿大。没能把赖昌星抓捕归案，无疑是一桩憾事。后来人们才知道，赖昌星能成功脱身是因为有人给他通风报信，这个人就是时任福建省公安厅副厅长兼福州市公安局局长的庄如顺。

庄如顺也曾有过引人瞩目的业绩，其工作能力和精神被很多人称道。在担任漳州市公安局局长期间，庄如顺为创建“漳州公安110”做出了重要贡献。1989年，庄如顺与赖昌星在一次饭局上相识，赖昌星看中庄如顺手中的权力，极力进行拉拢。之后的10年，赖昌星多次对庄如顺进行拉拢，并美其名曰“朋友间的礼尚往来”。小恩小惠打破了庄如顺的心理防线，让他在犯罪的道路上越走越远。此时的庄如顺已经完全没有一名共产党员应有的样子，没有了对党和人民事业的担当，用“拿人钱财，替人消灾”做挡箭牌，拿了不该拿的钱财，只能去替人消违背党性原则的灾。1999年8月11日到12日，身为公安局局长的庄如顺得知公安机关正在缉捕赖昌星，毫无原则地4次打电话给赖昌星，给他的逃跑出谋划策。在庄如顺的指点下，赖昌星最终成功出逃。讽刺的是，庄如顺保得了赖昌星，却保不了自己。很快，他的所作所为就败露了，成为继厦门原海关关长杨前线之后第二个因远华走私大案而被“双规”的官员。1999年8月28日，庄如顺被批捕。赖昌星逍遥法外，而庄如顺却受到了应有的惩罚，判处死刑缓期二年执行。

至案发时，庄如顺利用职务之便收受赖昌星等人贿赂折合人民币54.55万元。与赖昌星动辄上百万元的大手笔相比，庄如顺10年时间才收受了赖昌星50余万元，不是因为赖昌星“小气”，而是缘于庄如顺对这件事情的判断。入狱后的庄如顺回忆说：“对那种疾风暴雨式的腐蚀，比如，一上来就送多少多少钱我完全可以抵御，可对赖昌星这种润物细无声式的腐蚀，我防不胜防。赖昌星拉干部‘下水’，都是如法炮制，最后是有些干部红包收到‘不好意思’，此时那些干部已经是欲罢不能，不得不主动去效犬马之劳了。”

2000年，伴随着一声枪响，江西省原副省长胡长清应声倒地，以极为不光彩的方式结束了自己的生命。据调查，胡长清在江西省任职不到4年的时间里，共受贿544万元。因金额特别巨大，胡长清被依法执行死刑。他也因此成为中华人民共和国成立以来第一个被处以极刑的省级高官。令人始料未及的是，打开544万元贪腐大门的竟是两支不起眼的毛笔，当时的胡长清恐怕怎么都想不到会有这样的结局。从胡长清、庄如顺等人的落马可以看出，每个贪官无不是从挥霍一次、放纵一次、受贿一次、破例一次开始，逐步由小变大，一发而不可收拾！平日里小钱小物，接连不断，逢年过节、婚丧嫁娶、生病住院、乔迁新居……之时，就会“适时出现”。一开始他并不要求你给他办什么事，然而待到“日久生情”后，领导干部实际上已经被“套牢”了。我们有一些党员领导干部，往往栽在这些不起眼的小事上。因为“小”，通常重视程度不够，而一旦意识到问题出现，已回天无力。殊不知，每一个最终被查出来的腐败分子，几乎都是从“笑纳”一条烟、一瓶酒，“帮忙”签个字、批个条子开始慢慢滑向深渊的。无数事实告诉我们，勿以恶小而为之。小节上把持不住，就会“温水煮青蛙”，小毛病演变成大问题。广大党员领导干部要做到慎微，在细微之处能够保持警惕、警觉、警醒，才不至于在大问题上栽跟头。

我们党有许多优秀干部，他们无论处于什么样的工作岗位，始终能够妥善处理好这些小节，从而避免“千里之堤，溃于蚁穴”。胡长清因为酷爱练习毛笔字，被居心叵测的人找到了“突破口”，而同样爱写毛笔字的杨业功，却在几张宣纸上“斤斤计较”。用杨业功的话说，拿了别人的东西，腰杆就不硬了，“你见过哪个贪官能打胜仗？”

杨业功生前曾任第二炮兵某基地司令员。他从18岁入伍直至59岁去世，大半生的时间都是在部队度过的。在部队的磨炼下，杨业功也从一名普通战士成长为司令员。

1978年，杨业功担任作训处副处长。当时部队经常开展各种活动，需要书写横幅、标语。从社会上找人来写需要一定的费用，时间长了，也不是小数目。为了节省开支，杨业功开始练习书法，慢慢地，书法也成为他陶冶情操舒缓压力的业余爱好。

杨业功的爱人在一篇追忆杨业功的文章中讲过这样一个故事：“事情发生在1999年。当时老杨在北京组织战略导弹方阵阅兵训练。一名干部到北京出差，顺路到阅兵村看望杨业功。寒暄过后，这名干部拿出一沓宣纸说，知道您喜欢练习书法，训练太紧张，您肯定没时间买，我就给您带了一些……还没等干部说完，老杨说：‘练字本来就是练心境的，我用了你的宣纸，可就写不出好字啦。’事后，我对老杨说：‘不就是几张宣纸嘛！这点小事还这么认真，你就不怕将来连个人缘都没了？’他一脸严肃地说：‘你懂啥？谁说这是小事？别人给你送东西，那是在试探你为官做人的底线，共产党员的党性不能在一张宣纸上失守！’”[①]

“共产党员的党性不能在一张宣纸上失守！”这句话铿锵有力、掷地有声，彰显了共产党员的本色。这样的“小事”，在杨业功身上发生过无数次。1987年10月，杨业功任旅长的当天，就在自家的门楣上贴上“携礼莫入”字幅。有个干部跟杨业功是老乡，很想被提拔一下，便拿了一个红包来到杨业功家里。杨业功立马就火了，生气地说：“有能力不用送，没能力送也没用！”事后，杨业功对他爱人说：“拿了红包我的腰杆就不硬了，你见过哪个贪官能打胜仗？”[②]1998年，杨业功父亲因患白内障住进基地医院，院里见主管领导的父亲来了，便提出费用全免。杨业功坚决不同意，医院实在拗不过，只好收下家属交来的4200元医疗费。谁知，杨业功还是不放心，怕有人把发票拿走给报销了，当场把发票撕碎了。2004年春节，驻地市领导要专程到杨业功家去看望他，部队机关的同志感到杨业功家实在太简陋，就背着他买了4把新椅子放在他家客厅里。客人一走，杨业功立即让人把椅子还给了机关。杨业功病重之后，也没放松对自己的严要求。在手术后期治疗期间，部队招待所时常炖些鸡汤、鱼汤给他滋补。离开招待所时，杨业功掏出2000元，算作伙食费……

① 杨玉珍：《堂堂正正的一生　绵绵无尽的怀念》，《优秀领导干部先进事迹选编》，党建读物出版社2015年版，第140页。

② 杨玉珍：《堂堂正正的一生　绵绵无尽的怀念》，《优秀领导干部先进事迹选编》，党建读物出版社2015年版，第139页。

2004年7月，杨业功因积劳成疾病逝。这名党的好干部的优秀事迹感动了无数人，杨业功也因此成为2005年“感动中国人物”。在后来建成的杨业功纪念馆中，挂着杨业功仿刘禹锡《陋室铭》所作的《公仆铭》：“位不在高，廉洁则名；权不在大，为公则灵。斯是公仆，惟吾德馨。”这是杨业功一生的写照。

（三）慎独洁身自好

清代有一个清官叫叶存仁。雍正年间，叶存仁自江苏铜山县知县之位开始了长达30余年的仕途生涯。30余年，叶存仁历经宦海沉浮，无论身居何等官位，他都甘于淡泊、两袖清风、决不苟取。告老还乡之际，下属们感恩这样一位清官，便趁夜晚用一叶扁舟送来临别馈赠。对于下属的心意，叶存仁很感动，却坚决不肯收下扁舟上的礼物。叶存仁即兴赋诗一首婉拒：“明月清风夜半时，扁舟相送故迟迟。感君情重还君赠，不畏人知畏己知。”叶存仁不收礼物不是怕别人知道，而是怕自己知道，不想违背自己为官的原则。这是清廉为官的最高境界。

叶存仁的“不畏人知畏己知”与我们党教育党员干部时经常强调的“慎独”在本质上是一样的。在五光十色的社会环境下，慎独对各级党员干部而言就是为官的“自鸣钟”。刘少奇同志在谈到党性修养时指出：每一个共产党员“即使在他个人独立工作、无人监督、有做坏事的可能的时候，他能够‘慎独’，不做任何坏事。”[①]慎独，就是在独处之时能够反躬自省、谨言慎行、一丝不苟。一个人独处时没人注意，没人看见，没人监督，容易产生侥幸心理，自以为神不知鬼不觉，殊不知人在做、天在看，头上三尺有神明。而这也是我们党屡次强调党员领导干部要“慎独”的原因所在。

党员干部特别是领导干部要把慎独作为一种操守、一种品格、一种风骨，让慎独的意识像影子一样伴随左右。“慎独”不是一朝一夕能够修炼成的，必须从日常生活的点滴做起，必须从私人生活做起。虽然“慎独”不易，但并非遥不可及，只需我们有是非分明的荣辱感和羞耻心，有管住自己的自制力，坚守共产党员一尘不染的思想阵地，努力在那些别人看不见的事情上做到管住自己，固本守节，品行高尚，清正廉明。

党的好干部郑培民就是一个典范。“他身居高位而心系百姓，他以‘做官先做人，万事民为先’为自己的行为标准，直到生命的最后时刻仍然不忘自己曾经许下的诺言。他树立了一个共产党人的品德风范，他在人民心里树立起一座公正廉洁为民服务的丰碑。”简短的几句话，概括了郑培民为民的一生。他是党的好干部，身居高位、手握重权，做到了人前人后一个样，在无人监督的情况下仍然高标准地要求自己的所作所为。

① 刘少奇：《论共产党员的修养》，人民出版社1962年版，第47页。

1986年8月，时任湘潭市委书记的郑培民，到中央党校学习一年。临走前，他在财务室借了5000元钱做差旅费。报到以后，他把余款存在中央党校的储蓄所。一年后，郑培民学成归来，到财务室按规定报销了有关费用，另外交给财务人员8块7毛2分钱。财务人员不明白这是怎么回事，郑培民解释说："这是我预借差旅费余额的活期存款利息。这钱应该交公。"一件小事，体现了郑培民身上的党性，在有人监督和无人监督的情况下能做到始终如一。

再看看北京市检察院第一分院原检察长方工是怎么看待人前人后的。2000年，成克杰庭审现场，公诉人义正词严地对成克杰进行起诉。法庭上的公诉人就是被称为"北京第一公诉人"的北京市检察院第一分院原检察长方工。从事检察工作几十年，方工参与和主办了近3000件刑事案件的审查和起诉，无一错案。方工能做到秉公办案，与他平日8小时以外注重修身、严于律己是分不开的。1997年11月1日，方工当了一分院的副检察长。当晚，妻子牛凤琴准备了一桌丰盛的晚餐，打算好好地热闹一番。那天，方工回到家，把门一关，对妻子说："这门一关，就把我那个'长'字关在门外了！""不让权力进入自己的生活"是方工的座右铭。方工常说："一个共产党员，应该做到公私分明，这就是我们的权力、我们的职务只能用在工作上，用在为人民的利益服务上。你离开了工作岗位，说白了下了班以后，你就是个普通老百姓，你就应该按一个普通老百姓的样子去过你的生活。"

方工把党和人民赋予他的权力关在了自己的家门外，在无人监督的时候，仍能坚持原则、按一名共产党员的标准处理大事小情，做到了“慎独”。

人前人后一个样，有无监督一个样，“8小时”内外一个样，是“慎独”的要求，也是一名共产党员应该有的样子。而有些领导干部恰恰因为做不到这一点，成为“两面人”，最终沦为“监狱人”。他们手中拿着党章党纪“红本本”，嘴中却念着牟利敛财的“歪经”；手上敲着从善修德的“木鱼”，心里却藏着肮脏龌龊的邪念；人前一副仪表堂堂的“君子相”，私底下却干着羞于示人的小人勾当。这样的党员领导干部心里哪还有半点儿党的事业？又何谈担当？

2008年3月28日，北京市海淀区原区长周良洛站在法庭上接受人民审判。北京市二中院法庭宣判“死缓”。面对法律的严惩，周良洛表示在“意料之中”，服从判决，不再上诉。周良洛曾被誉为“明星区长”。清华大学高才生、博士、正值干事黄金年龄期、工作能力强……在人们心目中，落马前的周良洛，前途一片光明。可是，周良洛最终迷失了自己，亲手为自己的大好前程画上了句号。从1998年到2006年的8年里，周良洛利用职务之便收受贿赂共计1672万余元。

落马前的周良洛有着两个身份，一个是海淀区区长，一个是朋友口中的“陈总”。白天，周区长主持廉政会议，义正词严地教育下属要清正廉洁；晚上，“陈总”出入高档会所，美女相伴，歌舞升平。为了让“陈总”放心，他所谓的朋友为他专门找了一个会所，为他准备了仅供他享用的美酒和女人。扮演这样的“两面人”也曾让周良洛感到很不安、很矛盾。“自己毕竟是党培养出来的干部，受过教育，也知道什么可为，什么不可为。可是那些诱惑实在太大。后来，一到晚上，我就很想过那种‘夜生活’。”在自认为保密措施很到位、没有人能发现的侥幸心理下，周良洛一发不可收拾，说一套、做一套，人前是人、人后是鬼。最终，他为自己的所作所为付出了应有的代价。

五、功成不必在我的境界

功成不必在我，体现的是一种面对名利、成败的境界。对于肩负党的事业和人民利益的党员领导干部而言，更好地弘扬担当精神，离不开功成不必在我的境界。

（一）多想身后留什么

1932年的中国，正值内忧外患之时。那一年，国民党在先后失利的情况下，发动了对共产党革命根据地的第四次“围剿”，结果还是以损失三个师、被俘万余名的惨败告终。国内经济形势哀鸿遍野，金融和工商业动荡，工厂纷纷倒闭，工人罢工不断。日本人的铁蹄在东三省肆意践踏，东北沦陷。

这样的中国，使人痛心、让人迷茫，很多人不知道生路在何方。

然而，时局再艰难，生命仍在延续，生活也要继续。春末夏初，一批批大学生即将走出大学校门，即将踏上为个人生存、为国家希望的奋斗之路。此时，时任北京大学文学院院长的胡适做了一个演讲，把自己对人生的感悟告诉懵懂的莘莘学子，后来发表在1932年7月3日的《独立评论》上。

在演讲中，胡适开篇就说，步入社会意味着要开始承担责任，“学生的生活是一种享有特殊优待的生活，不妨幼稚一点，不妨吵吵闹闹，社会都能纵容他们，不肯严格的要他们负行为的责任。现在他们要撑起自己的肩膀来挑他们自己的担子了。在这个国难最紧急的年头，他们的担子真不轻！我们祝他们的成功，同时也不忍不依据自己的经验，赠他们几句送行的赠言，虽未必是救命毫毛，也许做个防身的锦囊罢！”随后，胡适分析了学生们今后有可能会走的几条路并分别给出了自己的忠告。最后，胡适语重心长地告诉大家：“朋友们，在你最悲观失望的时候，那正是你必须鼓起坚强的信心的时候。你要深信：天下没有白费的努力。成功不必在我，而功力必不唐捐。”“唐捐”是佛教用语，白白浪费的意思。胡适告诉大家，不要过于急功近利，只要付出了就一定会有回报。

习近平在多个场合曾多次强调过要“功成不必在我”。早年主政浙江之际，习近平就写过一篇名为《要敢于做铺垫之事》的文章，开篇写道：“领导干部要以正确的政绩观为指导，抓好各项工作。‘功成不必在我’，要甘于做铺垫性的工作，甘于抓未成之事。”担任总书记后，习近平多次要求党员领导干部要树立“功成不必在我”的思想境界，对定下来的工作部署，要一抓到底、善始善终。“要有‘功成不必在我’的境界，一张好的蓝图，只要是科学的、切合实际的、符合人民愿望的，就要像接力赛一样，一棒一棒接着干下去。”①“‘功成不必在我’，实际上就是要处理好大我和小我的关系，长远利益、根本利益和个人抱负、个人利益的关系。想要干事，想出政绩是对的，但不能为了出政绩都要自己另搞一套，换一届领导就兜底翻，三天打鱼两天晒网，那就什么事情也干不成。”②

做不到功成不必在我，说白了，还是政绩观出了问题，是功利心在作怪。他们肚子里打着自己的“小九九”，认为“接着干”不足以显示个人的能力和水平，许多很好的、行之有效的、

① 《习近平谈治国理政》（第二卷），外文出版社2017年版，第146页。

② 李斌、张涛、齐雷杰：《批评和自我批评，动了真格！》，《人民日报》（海外版）2013年9月27日，第2版。

群众认可的经验做法弃之不用，而是“另辟蹊径”进行所谓的创新。结果，贻误了党的事业，丢了自己的人。有些主政一方的干部，在制订本地区本部门的发展规划时，急于求成，能立马见效的事情抢着做，需久久为功的事情没人做；人人都能看得到的“面子工程”优先做，打基础做铺垫的事情拖着做。做决策不是从这件事情是否是人民群众最需要的、最迫切需要解决的，而是从任期内能否完成、领导是否看得见、大家会不会把这笔“功劳”记到自己头上这些角度去布局谋划。

大干快上的政绩工程曾在一些官员那里很有市场，因为见效快、面子光，成为这些官员的首选项目，却因劳民伤财、不切实际而被广大人民群众唾弃。曾几何时，拆掉街心花园改建西式文化长廊，街面平坦宽敞下水道落后失修，等等，这样的“怪事”不时见诸报端。给人留下深刻印象的还有“领导换届树也换届”的咄咄怪事，这样的事情还不只发生在一地，而是不少城市都上演过的情景。树木的生长遵循自然规律，该落叶的时候落叶、该开花的时候开花，才不管是哪位领导上台、哪位领导主政。况且，“十年树木”，从小苗长成大树，总要有些年头才行。而就是有些领导等不了，往往一个地方换了主政大员，城市的绿化树木也跟着换一批。此风之盛，《人民日报》都忍不住发文批评：“很多地方领导一换届，树也跟着换届。无论哪种树种，一般长得慢，都要等10年，很多领导等不及，看不到树的效果，就很快换掉它，这样不好。”“现实生活中，‘上任挖沟下任填，上任栽树现任砍’的现象并不少见，甚至出现领导换届规划也‘换届’，甚至房屋颜色也‘换届’等问题。”[①]任上做的事情都要立马见成效，恨不得今天种树明天乘凉，连棵树的“风头”都不能留给下一任，这种急功近利的做法与功成不必在我的境界谬以千里，更遑论担当。

2023年12月28日，中共中央印发修订后的《中国共产党纪律处分条例》的通知，将搞劳民伤财的“形象工程”“政绩工程”的行为由违反群众纪律调整到违反政治纪律。其中第五十七条明确规定：“党员领导干部政绩观错位，违背新发展理念、背离高质量发展要求，给党、国家和人民利益造成较大损失的，给予警告或者严重警告处分；情节较重的，给予撤销党内职务或者留党察看处分；情节严重的，给予开除党籍处分。”这一规定，是对抱有上述不正确政绩观的党员领导干部的一记警醒和约束，告诉他们大搞“形象工程”造成一定后果的，也是违纪行为，而且违反的是政治纪律。

与凡事追究“功成在我”截然相反，当下有这样一批官员，以“功成不必在我”为借口，不作为不担当，见到棘手的事情绕着走，既然“不必在我”，那就让别人去解决吧。曾有媒体报道过这样一件事情：某地两个村围绕一座小型水库的权属问题，

① 朱四倍：《换届莫换树》，《人民日报》2011年12月18日，第1版。

长期你争我夺、吵闹不休，甚至发展到打架斗殴、群体滋事的程度。村民连续多年向乡党委反映情况，但屡屡得不到解决，一拖再拖。乡领导竟然大言不惭地说，“‘功成不必在我’嘛，让后来的人解决吧。”一些领导干部有意无意以“功成不必在我”做掩护，在工作中消极怠政不作为。大事小办、急事慢办、非办不可的事情敷衍塞责办，能躲则躲、能捂则捂、能拖则拖，“做一天和尚撞一天钟”，对群众反映强烈的事情充耳不闻。只要能拖，绝不想办法去解决。有些人还大言不惭地说，这些矛盾由来已久，不是在我任上产生的，当然也不要寄希望在我任上解决。结果呢？往往是小事拖大、大事恶化，造成不可挽回的损失。“功成不必在我”本是干事创业的境界和胸怀，却被没有担当的人拿来给推诿扯皮做挡箭牌。真是应了那句话：燕雀安知鸿鹄之志哉！对于此种现象，习近平曾指出，“功成不必在我”不是消极、怠政、不作为，而是要牢固树立正确政绩观，既要做让人民群众看得见、摸得着、得实惠的实事，也要做为后人做铺垫、打基础、利长远的好事，既要做显绩，也要做潜绩。不计较个人名利，追求人民群众的好口碑、经过历史沉淀后的评价，这才是共产党员应有的赤诚初心和崇高境界。

我们党是一个有着远大理想和宏伟抱负的政党。实现共产主义理想是全体共产党员为之前赴后继的梦想，党的十九大、二十大为我们擘画出到2050年的奋斗前景。且不说实现共产主义，即使是实现到21世纪中叶“把我国建设成为富强民主文明和谐美丽的社会主义现代化强国”，也需要全体党员领导干部继续奋斗、一代一代干下去。这就再一次告诉我们，党和人民的事业不是一朝一夕、几年几十年的事情，而是千秋万代的事业，需要长期延续，要有耐心耐力、持久发力。在这种情况下，就更需要树立“功成不必在我”的意识和境界，遵循事情发展的规律、采取最佳解决方案，扎扎实实地做好每一件事。要树立“功成必定有我”的信心，把一己之力汇入推动党的事业不断向前的历史洪流中，用担当精神创造无愧于时代的业绩。

（二）甘做“种树”人

《愚公移山》是大家耳熟能详的故事。战国思想家列子塑造了一个挖山不止、坚持不懈的愚公形象，最终他的坚持感动了天帝，派夸娥氏二子把横亘在愚公家前面的两座山搬走了。文中给人留下深刻印象的一个片段是，智叟嘲笑愚公的愚蠢，愚公长叹一声道：“虽我之死，有子存焉。子又生孙，孙又生子；子又有子，子又有孙；子子孙孙无穷匮也，而山不加增，何苦而不平？”[①]90余岁的愚公，抱定了把大山搬走的信念并寄希望于子子孙孙，一代一代干下去、一块石头一块石头地搬，就一定能成

① 《列子·汤问篇》，《列子》，中华书局2007年版，第143页。

功。愚公移山的故事是对功成不必在我的又一种诠释。

在山西右玉县也有当代愚公，只不过他们是一群人，他们也不是要搬走大山，而是种树。从1949年至今，右玉县的百姓在20余任县委书记的带领下，“咬定绿化不放松，誓让山川变绿洲”，始终一个心思，换领导不换精神，硬是让右玉县的森林覆盖率从不到0.3%提高到56%，远远高于我国21.36%的平均森林覆盖率和全世界32%的平均森林覆盖率。70余年，能让一个呱呱落地的婴儿走完人生的大半旅程成为白发苍苍的老人，也能让一片不毛之地变成绿绿葱葱的绿洲。从婴儿成为老人只需自然的更替，而从荒漠到绿洲，则需要几代人发扬“功成不必在我”的精神，坚持种树治沙的信念不动摇，一棵树一棵树地种下去，直至一片林。右玉县的故事感动了习近平。2015年1月12日，习近平同中央党校第一期县委书记研修班成员在一起畅谈做好县委书记的心得时，曾动情地讲起了山西右玉县委一任接着一任带领当地群众治沙造林的故事，要求大家要像右玉县委一样拥有功成不必在我的境界。

中华人民共和国成立前的右玉县，生态环境相当恶劣。当地史志记载：“每遇大风，昼晦如夜，人物咫尺不辨，禾苗被拔，房屋多催，牲畜亦伤。”由于地处黄土高原又与毛乌素沙漠接壤，肆虐的狂风卷着漫天黄沙是这里的常见之景，移动的沙丘能瞬间将行人掩埋。曾有外国专家断言，这里不适宜人类居住，建议举县搬迁。1949年6月，张荣怀被任命为中共右玉县委书记。搬迁还是留在这里？怎么留下来？这成为摆在张荣怀和时任县长江永济面前的一道难题。为了找到答案，他们开始了长达4个多月的调研，去哪都是走着去。张荣怀一边看、一边听、一边想，渐渐地，他的思路开始变得清晰。结束调研后，张荣怀组织召开了一次县委工作大会。在会上，他坚定地说："要想风沙住，就得多栽树；要想家家富，每人10棵树！"会后，张荣怀带领全县干部前往右玉苍头河边。远眺着光秃秃的大地，张荣怀踌躇满志，挥锹挖坑种下了第一棵小老杨。这棵树拉开了右玉县植树治沙的大幕。或许当时所有在场的人都没想到，这场绿色接力能持续几十年的时间。

从此，种树成为右玉县每一任县委班子的重要工作任务之一。右玉地区多风缺水，在这样的土地上种树有多难，可想而知。右玉人充分发挥主观能动性，想办法、创条件，一棵棵稚嫩的树苗在贫瘠的土地上扎根成长、顽强向上。1953年，张荣怀已经不再担任县委书记了，接任他的是王矩坤。由于上一年收成不好，那年春天青黄不接开始闹饥荒。国家给右玉县拨了40万公斤的玉米，好让他们度过灾荒。右玉县委没有按常规的办法发放救灾粮，而是跟种树这件事挂上了钩：种一亩树发给8.5公斤玉米。老百姓的积极性被空前调动起来，不管男女老少，大家纷纷上山种树。那年春天，右玉新增林地3万余亩。

从1949年到现在，无论在什么时期，无论是“大跃进”“文化大革命”还是改革开放，右玉人种树的信念从来没有动摇过。山西省煤矿资源丰富，右玉县也不例外，已经探明的煤炭储量高达34亿吨。改革开放的春风给山西省带来了快速发展的机遇。1979年9月，山西省委正式向国家呈报《关于把山西建成全国煤炭能源基地的报告》，从此，这个地处祖国内陆的、不起眼的省份成为耀眼的明星，靠“批条子”才能买到煤、一夜暴富的故事在这里频频发生。眼看着兄弟县市靠煤炭富裕了起来，右玉县还是那么穷，有些人坐不住了，建议也大干快上搞煤炭开发。第十二任右玉县委书记袁浩基痛心疾首地说：“耽误植树就是罪人！”20世纪80年代末，右玉县终于引进了一家日本企业，在这里合资建了一个压板厂，效益还不错。可是没开多久，县里就决定关了这个压板厂。原来，压板厂需要消耗大量的木材，为了防止好不容易成了规模的林田被乱砍滥伐，右玉县宁肯不挣这个钱。在他们看来，项目还可以再引进，林子毁了就没那么容易恢复了。为此，右玉县的财政收入连年在山西省垫底，县里领导去省、市开会都得靠后坐。2001年开始担任代县长、之后又担任县委书记的赵向东回忆说，那滋味真不好受，可是“看到右玉还没完全绿起来，风沙仍然很大，就觉得要种树，继续干”！

而今的右玉，美得让人无法想象！

从2005年开始，在这里横行数十年的沙尘暴再也没露过脸。

到处都是郁郁葱葱的绿，绝迹多年的野生动物在山林里欢快地奔跑蹦跳。水也变清了，地表径流和河水含沙量较以前减少了60%。幸福像蜜一样在当地老百姓的心田流淌。这一切，都离不开功成不必在我、一张蓝图干到底的右玉县委班子。2010年7月底，时任中共中央政治局委员、中央书记处书记、中宣部部长的刘云山在山西考察时赋诗《右玉感怀》："为政何不解民忧，当官堪消百姓愁。十八书记抒壮志，六十春秋挥锄钩。终见'善无'变善有，已将沙洲换绿洲。年年立业是公仆，久久为功尚风流。"

这就是右玉精神，久久为功是它的精髓，也是每一名党员领导干部应有的精神境界。而今，"绿起来"的右玉县又在思考一个大问题，就是如何带领人民"富起来"，满足人民对美好生活的向往和需要。"莜麦花开绿油油，胡麻花开蓝莹莹，荞麦花开粉嘟嘟，油菜花开黄澄澄，沙棘圣果红丢丢……"跨越了绿色这一底色的右玉，如今正变得越发生动多彩。我们有理由相信，在这种精神的指引下，右玉的致富之路能走得十分宽广和久远。

（三）能坐"冷板凳"

2018年5月，习近平在两院院士大会上强调：要瞄准世界科技前沿，抓住大趋势，下好"先手棋"，打好基础、储备长远，甘于坐冷板凳，勇于做栽树人、挖井人。这不仅是总书记对院士的嘱托，也是对各级党员领导干部的要求。

有些路看起来很近，实际却是很远的，缺少耐心永远走不到头。成功到达终点，需要锐意进取，也离不开沉潜积淀。高远的目标落实于细密的探索，深邃的思想植根于日常的摸索。所谓“人向静中忙”，越是等不起越要坐得住，越是慢不得越要沉住气。缺少坐“冷板凳”的精神，是万万不行的。

紧跟时代，未必是万众瞩目、出尽风头，更可能是埋首于桌边案头，躬身于田间地头，扎根于戈壁滩头。既要胸怀“弄潮儿向涛头立”的远大志向，又要能坐得住、坐得稳“冷板凳”，只有这样才能走通别人没有走过的路，攀登上一座又一座高峰，担当起一个又一个历史和人民交给的重任。事实证明，只要怀着“火热的耐心”、保持“深沉的豪情”，再大的浪头也能驭稳，再冷的板凳也能坐热。

2018年6月18日的《新闻联播》，在《誓言无声》栏目里讲述了中国科学院院士李天的事迹，这则新闻题为《功成不必在我，只为祖国蓝天》。

新闻播出两个多月前，这位80岁的老人平静地离开了我们。正如他的名字一样，他的一生与祖国的航空事业紧紧联系在一起。李天院士用他的一生，为浩瀚蓝天、为祖国书写了航空报国的壮美篇章。

李天在科学领域的贡献自不必多说，他被誉为中国战机隐身技术之父，是我国著名飞机气动力专家、隐身专业领域的开创者、气动隐身一体化设计的奠基人、中国科学院院士、歼-8系列飞机和歼-11系列飞机气动力专业总师、我国四代机背景项目课题主要负责人、航空工业沈阳飞机设计研究所首席专家。20世纪60年代，走出清华大学校门的李天被分配到刚刚成立不久的沈阳飞机设计研究所，也就是人们常说的601研究所。在这里，李天开始了他的研究生涯。601研究所成立初期最重要的一项成果就是成功研制了我国第一架高空高速歼击机——歼-8白天型飞机，开辟了我国航空武器自主研制的新纪元，李天做出了重要贡献。后来，李天还负责了歼-11系列等主力战机的空气动力学设计。20世纪80年代起，李天把主要精力放在基础理论和技术预研上。2005年，李天获评中国科学院院士。

《新闻联播》对李天的事迹进行报道，不仅是因为李天在科学领域所做的贡献，更是因为李天的精神，一种功成不必在我的精神。

行内人都清楚，李天后来专攻的基础理论研究和技术预研是吃力不讨好的事情，是坐冷板凳的事，没多少人愿意干。更多的人愿意搞型号，像李天之前那样，参与型号机的研究，有成就感、受人瞩目。而技术预研说白了就是探索未来科技的发展趋势和方向，是为未来打基础的事，需要做大量基础性工作，出成果慢不说，还存在非常大的技术风险。这项工作，李天一干就是几十年，直至生命的最后一刻还在为之魂牵梦绕。

去过李天办公室的人都会对成摞成堆的资料印象深刻，李天就在这里搞研究、查资料、出方案，渐渐地，他的心血和智慧变成了堆满屋子的资料。这么多年来，李天自己也说不清楚究竟主持了多少项预研项目。印象最深的一次，是他主持隐身气动布局预研。这个项目进行了20多年，李天团队前前后后出了20多套模型方案，相关资料堆了满满一屋子。付出的努力自不必说，更重要的是这些研究有的因为工业水平的历史局限而未能成功，也有的因为工作需要，型号任务最终由其他同志负责完成，相当于辛辛苦苦为别人做了“嫁衣裳”。有时，跟着李天搞预研的年轻人也难免会抱怨，甚至想放弃预研去做型号机。李天总说，这些基础性的工作总要有人做。如果真热爱这个事业，就得坐得住“冷板凳”。

有些人会觉得，既然搞预研是遥遥无期的事，说狭隘些，是替别人做的事，大概搞清楚、提个思路就行了，没有必要较真。可谁要敢在李天面前发表这样的言论，一向温和的李天就会跟他急。在李天看来，即使这些方案一时半会儿不会成为现实，即使不需要自己去实现，也绝不能有半点儿马虎。

在航空领域，拥有高空高速性能优良的航空器是显示航空科技水平的重要标志。航空器的性能需要经过一系列严苛环境下的测试，其中，在高速风洞里对航空器进行测量是必经程序之一。只有经过风洞实验确定或验证的设计，才能投入生产。李天带领团队建设了我国最早的高速风洞。几十年下来，跟着李天做高速风洞研究的人从“50后”变成了“90后”，李天也从年轻的小伙子变成了白发苍苍的老人。做风洞实验，需要从一个直径只有0.6米的洞口钻进钻出。李天从来不肯站在风洞外面做指导，每次都要跟大伙一起钻进去，即使已经是70多岁的老师，即使已是载誉海内外的院士。李天没觉得有什么奇怪的，他说：“大家能进去，我也一样，实验最重要。”和李天相濡以沫50多年的老伴说，他是个老实人。

在李天同志事迹报告会上，沈阳飞机设计研究所副总设计师、李天的学生张澎的发言引来全场长时间的掌声。张澎从一名学生的角度，讲了李天对他的帮助，是技术上的，更是精神上的。张澎说，21世纪初，是航空工业的低潮期，他的思想也有波动，有改行的想法。那时候，张澎是李天的助手，与李天朝夕相处在一起。李天看透了张澎的想法，一天休息的时候，李天像是自言自语一样、轻轻地说，不能当只顾自己的“自了汉”。作为国家重要技术领域的研究人员，如果我们都当“自了汉”的话，那么国家强盛于世界民族之林的愿望，永远都不可能实现。“自了汉”是佛家用语，指修炼的目的是修自己的人，能颐养天年，而非普度众生。李天告诫自己的学生不要当“自了汉”，是在告诉学生不要只考虑自己，心中要有党和国家的事业，要有担当。李天说话的声音虽低，但在张澎心里却重如千钧，他记在了心里，更体现在了行动上。

李天的心里装着国家的航空事业，唯独没有装着他自己。在生命的最后阶段，重病在床的李天还牵挂着他的方案、他的风洞、他的隐身机。一有工夫，他就把所里的人叫到病房开会，一说就是大半天。李天的老伴说，她在病房陪他的时候，他们俩很少唠嗑，因为他对生活的事不感兴趣。可只要所里一来人，他就有了精神，一唠就是一上午。甚至进入昏迷状态的李天，还在嘟囔着这条曲线不对、这个数不对、马上开会……照顾他的护士对李天不禁肃然起敬。

2018年4月11日，因医治无效，李天在沈阳逝世，享年80岁。功成不必在我的李天，为中国的航空事业做出了巨大的贡献。今天中国的航空事业飞快的发展速度令世界瞩目。当前，无论是先进战斗机的产能，还是第四代隐身战斗机的研发技术，中国航空工业都已经将英、德、西、意等欧洲诸国远远甩在了身后。从未来发展来看，中国航空工业正在力图成为能够与美国航空工业并驾齐驱的世界第二大航空研发集团。这些成就的取得，离不开像李天这样无私奉献的人。

后　记

2024年6月2日凌晨2点。窗外，是中央党校静谧的校园，初夏晚风带来阵阵清凉，树叶簌簌作响。我坐在书桌前，把凌乱的书稿码齐，在第一页工工整整地写下三个字：大担当。历时6年，反复构思、琢磨、修改，如今这本书终于要与大家见面了。

2017年10月25日，习近平总书记在十九届中共中央政治局常委同中外记者见面时说："中国共产党是世界上最大的政党。大就要有大的样子。"[①]"大的样子"不仅指数量、规模大，更应有强大的领导力、引领力、组织力、号召力，有远大的使命目标以及为实现这一理想所必须具备的务实担当和自我革命精神。次年5月，中共中央办公厅印发《关于进一步激励广大干部新时代

① 《新时代要有新气象更要有新作为 中国人民生活一定会一年更比一年好》，《人民日报》2017年10月26日，第2版。

新担当新作为的意见》，为充分调动和激发党员干部的积极性、主动性、创造性提供了制度保障。在不断学习中央精神和决策部署的过程中，我日益清晰地感受到：只有每一名共产党员担当起肩负的责任，才能汇聚起强大的战斗力，我们党才能带领全国各族人民顺利实现新时代中国共产党的历史使命。这便是写作《大担当》这本书的初衷。

更好地做到党的创新理论的大众化通俗化轻巧化传播，是我作为一名共产党员的担当。体现在书中，就是希望用讲故事的方式把为何担当、担当什么、如何担当讲清楚、讲到读者心里去。尽量少一些言语无味、面目可憎的说教，多一些潜移默化、触类旁通的感动。当然，这只是我的期望，还需要专家同仁的批评指正。

囿于自身学识和积累不足，成书的过程并不顺利。北京出版集团的领导和编辑给予我非常专业、及时的帮助，在此表示衷心感谢。

最后，感谢所有关心、支持本书写作、出版的良师益友！

魏晔玲

2024年7月